斜拉桥索梁锚固结构应力分析及疲劳寿命研究

胡 琴 著

延边大学出版社

图书在版编目（CIP）数据

斜拉桥索梁锚固结构应力分析及疲劳寿命研究 / 胡
琴著. -- 延吉 : 延边大学出版社，2022.10
ISBN 978-7-230-04069-3

Ⅰ. ①斜… Ⅱ. ①胡… Ⅲ. ①斜拉桥－锚固－应力分
析－研究②斜拉桥－锚固－疲劳寿命－研究 Ⅳ.
①U448.27

中国版本图书馆CIP数据核字(2022)第196106号

斜拉桥索梁锚固结构应力分析及疲劳寿命研究

著　　者：胡　琴
责任编辑：董　强
封面设计：正合文化
出版发行：延边大学出版社
社　　址：吉林省延吉市公园路977号　　　　邮　　编：133002
网　　址：http://www.ydcbs.com　　　　E-mail：ydcbs@ydcbs.com
电　　话：0433-2732435　　　　传　　真：0433-2732434
印　　刷：天津市天玺印务有限公司
开　　本：710×1000　1/16
印　　张：16.25
字　　数：300 千字
版　　次：2022 年 10 月 第 1 版
印　　次：2024 年 6 月 第 2 次印刷
书　　号：ISBN 978-7-230-04069-3

定价：78.00元

前　言

随着斜拉桥跨度的不断增大以及营运荷载的增加，人们对其索梁锚固结构提出了更高的要求。一方面，锚固结构承受着成桥荷载作用传来的巨大集中力，而且锚固结构在较小的范围内板件多、焊缝多，易引起应力集中现象。锚固结构能否将巨大的集中力顺畅地传递到钢锚箱梁是整个锚箱设计的关键。另一方面，锚固结构承受着桥面活荷载（主要为汽车荷载和风荷载）引起的交变应力作用，这种交变应力变化幅值较小，但交变循环次数较多，虽然锚固结构一般能满足成桥荷载下的静力强度要求，但其在交变应力作用下的疲劳问题比较突出，国内外大桥由锚固结构的疲劳问题引发的事故也频频发生。

本书针对以上两方面的问题，通过数值模拟的方法，对具体的工程案例进行研究，旨在对斜拉桥锚固结构的承载能力及其疲劳性能进行总体分析。本书共 9 章。

第 1 章为绪论，对斜拉桥国内外发展概况作了详细介绍，并进一步分析了斜拉桥的发展趋势及存在的问题，介绍了斜拉桥的种类。

第 2 章论述了斜拉桥布置及结构体系，主要介绍了斜拉桥的孔跨布置、斜索布置、梁体布置、桥塔的形式与布置、锚拉体系与结构体系。

第 3 章讲了斜拉桥的索梁锚固结构，简要介绍了索梁锚固结构设计原则，重点从斜拉桥与钢主梁锚固和斜拉桥与混凝土主梁锚固结构来介绍索梁锚固结构。

第 4 章为索梁锚固结构的疲劳性能研究，主要从疲劳的基本理论、抗疲劳设计方法、疲劳寿命三个方面进行阐述。

第 5 章为斜拉桥模型建立与受力分析，针对具体工程案例，利用大型通用有限元分析软件 MIDAS 建立的全桥整体有限元模型，进行成桥荷载下的静力分析。

第 6 章为锚箱模型的建立与受力分析，利用有限元分析软件 ANSYS 建立受力最不利的锚固结构所在梁段的有限元模型，对锚箱结构进行三种工况受力分析。

第 7 章为 FE-SAFE 分析钢锚箱的疲劳寿命，通过 ANSYS/FE-SAFE 软件研究在等效疲劳车作用下锚箱结构的对数疲劳寿命及疲劳安全系数云图。

第 8 章为锚箱板件参数分析，借助 APDL 参数化语言，对锚箱结构的板厚及构造进行参数分析，了解不同的板件厚度与构造对锚箱结构受力的影响。

第 9 章为结论与展望。

由于作者水平有限，书中难免存在不足之处，敬请读者批评指正。

胡琴

2022 年 8 月

目　　录

第1章　绪论

1.1　斜拉桥的定义

　　斜拉桥，又称斜张桥。斜拉桥（图 1-1）的上部结构由主梁、桥塔和斜拉索三部分组成，它是一种桥面体系以加劲梁受压（密索）或受弯（稀索）为主，支承体系以桥塔受压、斜拉索受拉为主的桥梁。斜拉桥作为一种拉索体系，比梁式桥的跨越能力更强，是大跨度桥梁的主要桥型。

图 1-1　典型斜拉桥效果图

1.2 国外斜拉桥发展概述

斜拉桥的雏形在几百年前就出现了。很久以前，在世界上一些热带地方如加里曼丹岛、印度尼西亚的爪哇岛上就有用藤条和竹子做的斜拉桥（图1-2），古埃及帆船（图 1-3）上也出现过类似绳索斜拉的工作结构。在这些历史遗留物上，可以清楚地看到斜拉桥的特点。

图 1-2　爪哇岛上的竹斜拉桥　　　　　图 1-3　古埃及帆船

1617 年，一个名叫 Fraustus Verantius 的意大利人设计了一种用几根铁链吊拉的桥梁，与悬索桥、斜拉桥的混合结构很像。

1784 年，一个名叫 Loscher 的德国人设计了一种以木头为原材料的斜拉桥（图1-4），完美体现了斜拉桥"自身锚固"的所有特征。

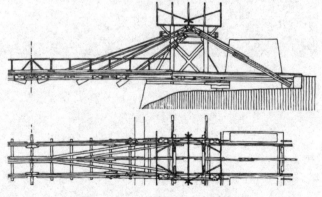

图 1-4　Loscher 设计的木斜拉桥

　　1817 年，名叫 Redpath 和 Brown 的英国工程师设计了采用斜金属缆吊索连接铸铁桥塔的皇家梅多斯桥。同年，德赖伯教堂的德赖伯桥（图 1-5）也被建造出来，这两座桥都已初具斜拉桥的形式。但德赖伯桥的斜索仅起辅助作用，仍以悬索为主，其在完工 6 个月后就被强风摧毁。

　　1824 年，德国人在尼恩堡建造了萨勒河桥（图 1-6），该桥主梁采用斜向杆件加劲，跨度为 78 米。

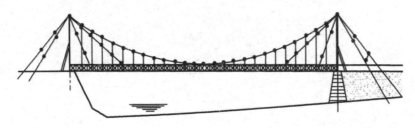

图 1-5　德赖伯桥

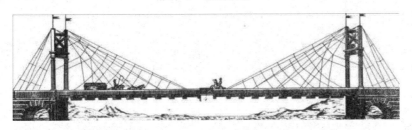

图 1-6　萨勒河桥

　　1840 年，英国人 Hatley 提出使用平行排列的拉链。1868 年，弗朗茨·约瑟夫桥（图 1-7）在布拉格建成，这座桥可视为斜拉桥与悬索桥的结合。该桥后来重建，1941 年废弃。

图 1-7　弗朗茨·约瑟夫桥

　　1873 年，Rowland Mason Ordish 设计了主跨为 122 米的阿尔伯特桥（图 1-8），该桥的中央跨每侧有三个斜拉杆，端跨每侧有四个。该桥已过渡到以斜拉为主的形式。因结构有问题，该桥在 1884～1887 年进行了改造（大概是在主索上加设了一些直接连接到桥面的吊索），1973 年又在主跨中间下面加设支墩。即便如此加固，今天在桥头仍保留着一块牌子，提醒排队过桥的人必须打乱步伐行走，以免引起共振。

图 1-8　阿尔伯特桥

　　1909 年，法国人 Albert Gisclard 将其申请的斜拉系统专利成功运用于卡塞林铁路钢桥（图 1-9）的修建，该桥跨度为 156 米。1924 年，法国人修建了跨度为 112 米的公铁两用桥——莱扎尔德利厄桥（图 1-10）。这两座桥都已初具现代斜拉桥的形式。

图 1-9　卡塞林铁路钢桥

图 1-10　莱扎尔德利厄桥

　　由于当时的材料存在缺陷，斜拉索材料很容易松弛；设计师无法对超静定结构进行精细的科学分析，也无法掌握结构的受力情况和控制平衡的方法，使得设计的斜拉桥往往持续不了多长时间就会整体垮掉，从而引发多起桥梁倒塌事故。这些原因使得斜拉桥在相当长的一段时期内发展缓慢。加之 19 世纪 20

年代，法国工程师 Claude-Louis Navier 发文称斜拉桥概念模糊，不能成立，这相当于直接宣布了斜拉桥的"死刑"。这些都阻碍了斜拉桥的发展，在后来相当长的一段时间内，斜拉桥的建成量相当少，发展基本处于停滞状态。

第二次世界大战的爆发导致钢材缺乏，迫使人们重新考量桥型。德国人 Franz Dischinger 率先认识到斜拉桥结构的优越性，并进行大力推广。1949 年，他在发表的有关斜拉桥结构的文章中明确指出，必须对钢斜拉索施加足够高的应力来消除长索自重垂度带来的柔性影响，这样，才能使梁体的变形维持在较低范围内。

1955 年，世界上第一座现代化斜拉桥——斯特伦松德桥（图 1-11）在瑞典建成。该桥为 74.7 m＋182 m＋74.7 m 的跨径，拉索呈辐射形布置，桥塔为门式框架结构，加劲梁由两片板梁组成。斯特伦松德桥的出现标志着斜拉桥这种结构形式的初步实现。

图 1-11　斯特伦松德桥

1957 年，特奥多尔-豪斯桥（图 1-12）在德国杜塞尔多夫建成，其跨径为 108 m＋260 m＋108 m 。该桥塔为钢塔，高 41 m，不设横梁，竖琴式布置拉索，索距为 36 m，钢梁高 3.12 m。

图 1-12　特奥多尔-豪斯桥

　　1959 年，塞弗林桥（图 1-13）在德国建成，该桥跨径为 302 m，钢箱梁采用正交异性钢桥面板、A 形塔、放射形钢索、漂浮式结构为桥的抗震性提供了有力保证，该桥是世界上第一座非对称式钢斜拉桥。

图 1-13　塞弗林桥

　　1962 年，第一座混凝土斜拉桥——马拉开波桥（图 1-14）在委内瑞拉建成,该桥为六塔双索面稀索体系双箱单室预应力混凝土箱梁斜拉桥,24 组拉索从塔顶拉向桥面,桥塔纵向为 A 形,横向为门字形,下塔柱另有 X 形墩向上支撑桥面。

马拉开波桥的主桥共有 5 个孔,跨径为 235 m,宽 17.4 m,塔高 86.6 m,梁高 5.4 m,最高处距水面 45 m,全桥长 8.7 km,1957 年设计,1958 年动工,1962 年建成通车。为纪念独立战争时期的英雄乌尔塔内塔,当地人将这座大桥称为乌尔塔内塔将军桥。大桥是马拉开波湖湖区一景,对马拉开波地区的经济发展有着重要意义,是当地人的骄傲。

图 1-14 马拉开波桥

20 世纪 60 年代初期,工程师能通过计算机准确分析超静定结构,实现了对斜拉桥的拉索加密,一方面降低了斜拉桥主梁的重量,另一方面又减少了配筋的使用数量。

1967 年,拥有 280 米跨径的弗里特里希-欧贝特桥(图 1-15)在德国波恩建成,该桥首次采用了单索面的密索体系,减小了锚固点的集中力,使结构的应力分布更均匀,从而能充分发挥材料的潜在性能,易于悬臂施工,也为此后众多斜拉桥的建造提供了参考。

图 1-15　弗里特里希-欧贝特桥

1969 年，跨径为 320 m 的格尼桥（图 1-16）在德国杜塞尔多夫建成。该桥采用无横系梁的桥塔，竖琴式布置的拉索；桥面中孔采用钢结构，边孔采用混凝土梁结构。

图 1-16　格尼桥

德国工程师的工作为世界斜拉桥的发展奠定了基础，从法国的诺曼底桥到日本的多多罗大桥，均可看到德国斜拉桥的构思理念。

20 世纪 70 年代后，大量预应力混凝土斜拉桥在世界各地兴起。

1977 年，跨径为 320 m 的勃鲁东桥（图 1-17）在法国建成，其为单索面密索体系，墩身采用柔性结构，整桥为混凝土结构。

图 1-17　勃鲁东桥

1978 年，跨径为 299 m 的帕斯科-肯纳威克桥（图 1-18）在美国建成。该桥采用双索面密索体系，门形桥塔，钢索呈放射形；桥面为预制拼装体系，桥面材料为混凝土。以上两座桥，为混凝土斜拉桥的设计树立了典范。

图 1-18　帕斯科-肯纳威克桥

1984 年，跨径为 440 m 的卢纳桥在西班牙建成，该桥是双塔双索面扇形布置拉索的预应力混凝土斜拉桥。

1986 年，安纳西斯桥（图 1-19）在加拿大建成，该桥跨径为 465 m，是当时世界上跨度最大的斜拉桥。该桥采用双塔结构，双索面扇形布置拉索，加劲梁采用钢梁及混凝土桥面板组成的叠合梁。

图 1-19　安纳西斯桥

1988 年，双塔双索面竖琴式体系混凝土斜拉桥——达梅角桥（图 1-20）在美国建成，该桥主跨为 396 m，边跨为 198 m，在梁实体上采用钢束与加劲梁相结合的形式，加劲梁是高为 1.55 米、高跨比为 1/260 的轻薄型预应力混凝土梁。采用高强度粗钢筋构成斜拉索是本桥的一大构造特点。

1991 年，跨径为 530 m 的斯卡恩圣特桥（图 1-21）在挪威建成，该桥采用混凝土结构，是当时跨径最大的混凝土斜拉桥。

图 1-20　达梅角桥

图 1-21　斯卡恩圣特桥

1994 年，诺曼底桥（图 1-22）在法国建成。该桥主跨为 856 m，为混合梁，其中 624 m 为钢梁，其他为混凝土梁；边跨全部为混凝土梁，用顶推法施工。

图 1-22　诺曼底桥

1999 年，多多罗大桥（图 1-23）在日本建成，该桥跨度为 890 m，全长 1 480 m，主梁采用钢箱梁，钢箱梁一直通到边跨内，预应力混凝土梁只占边跨的一部分。加劲梁采用中跨钢梁边跨混凝土梁的纵向混合梁设计。多多罗大桥是当时世界上主跨最长的斜拉桥。

图 1-23　多多罗大桥

2004 年，密佑高架桥（图 1-24）在法国建成。该桥为七塔钢梁斜拉桥，大桥斜拉索的最高处高出地面 343 m，为世界第一高桥。同年，跨越巴拿马运河的世纪大桥（图 1-25）建成，其为独柱式双塔中央单索面混凝土斜拉桥，主跨为 420 m，桥面设 6 个车道，是西半球同类桥梁中跨径最大的斜拉桥。

图 1-24　密佑高架桥

图 1-25 世纪大桥

1.3 国内斜拉桥发展概述

我国的斜拉桥建设开始于 20 世纪 70 年代。1975 年和 1976 年，我国成功建设了两座试验斜拉桥，分别是四川的云阳桥（图 1-26）和上海松江的新五桥（图 1-27），主跨分别为 76 米和 54 米。这两座斜拉桥都是混凝土结构，采用扇形索面体系，每塔都是 3 对索。

图 1-26 云阳桥

图 1-27 新五桥

1980 年建成的四川省三台涪江桥（图 1-28），是我国首座运用预应力主梁的斜拉桥，该桥的特点是在主跨部分设有简支挂梁，主跨达 128 m，而穿插的简支挂梁跨度为 16 m，可将桥、墩、塔三重结构很好地融合在一起。

1981 年建成的广西红水河桥（图 1-29）是我国第一座预应力混凝土铁路斜拉桥，桥总长 398 m，其中斜拉桥部分为 48 m＋96 m＋48 m 标准大边跨桥式，双塔双索面竖琴索系，主塔与加劲梁刚性连接，塔墩分离，墩顶对应主塔轴线设固定和活动支座支撑梁体。

图 1-28　三台涪江桥

图 1-29　广西红水河桥

20 世纪 80 年代，我国建设的斜拉桥的跨度不断刷新纪录，在设计理论和技术革新方面都取得了很大的进步。1982 年，山东济南黄河大桥（图 1-30）建成，全桥长 2 033.44 m，主桥长 488 m，为双塔双索面 5 孔连续预应力混凝土斜拉桥，其最大跨径为 220 m。1982 年 6 月建成的上海泖港大桥（图 1-31）是另一座跨径达到 200 m 的双塔三跨预应力混凝土结构的斜拉桥。

图 1-30　山东济南黄河大桥

图 1-31　上海泖港大桥

1987 年建成的天津永和桥（图 1-32），跨越天津永定新河，全桥总长约512.4 m，是当时我国跨径最大的混凝土斜拉桥。同年，广东南海跨越北江的西樵大桥（图 1-33）建成通车，它是一座竖琴样的双索面的预应力斜拉桥，全桥长 684.58 m。另外，同年建成的还有山东东营胜利黄河大桥（图 1-34），该桥为新型钢箱斜拉索桥结构，全桥约长 2 818 m，由 57 段钢箱梁连接而成。主梁采用连续双箱正交异性板，引桥为跨径 30 m 的预应力混凝土箱梁，桥两端为造型优雅的桥头堡和花园式绿化带。

图 1-32　天津永和桥　　　　　　图 1-33　西樵大桥

图 1-34　东营胜利黄河大桥

进入 20 世纪 90 年代，我国的斜拉桥设计理论和施工技术发展很快。上海成功修建了主跨 423 m 的南浦大桥（图 1-35）、主跨 590 m 的徐浦大桥、主跨602 m 的杨浦大桥（图 1-36）。其中，1993 年建成的杨浦大桥在当时跨径为世界之最，被视为世界斜拉桥发展的里程碑，它与南浦大桥确立了我国桥梁在世界上的地位。

图 1-35　南浦大桥　　　　　　　　　　图 1-36　杨浦大桥

2001 年，我国又建成了当时世界第三大斜拉桥——南京长江第二大桥（今南京八卦洲长江大桥），主跨 628 m。之后，2008 年建成的香港昂船洲大桥（图1-37）和江苏苏通长江公路大桥（图 1-38）更是跨越了千米大关，主跨分别达到了 1 018 m 和 1 088 m。这些都充分说明我国斜拉桥的设计施工水平已达到了世界领先水平。

图 1-37　香港昂船洲大桥

图 1-38　江苏苏通长江公路大桥

总体而言，斜拉桥技术发展大致经历了四个阶段。第一个阶段的斜拉桥为稀索体系，这种体系的梁高一般较高，斜拉索索力较大，索梁锚固点处的应力集中现象严重；第二个阶段的斜拉桥为密索体系，与稀索体系相比，密索体系斜拉桥的梁高显著降低，减少了锚固点应力集中现象，施工工艺也由支架施工发展到悬臂施工；第三个阶段的斜拉桥则表现为主梁更加轻薄，通过加密拉索来减小主梁支撑间距，从而使得主梁高度进一步降低；第四个阶段的斜拉桥为超大跨径斜拉桥，之前人们认为跨径在 500～1 000 m，尤其是 1 000 m 以上的悬索桥是一枝独秀，而如今，随着桥梁施工工艺和设计理论的发展，斜拉桥已成为悬索桥强劲的竞争对手。

1.4 斜拉桥的优点及发展趋势

1.4.1 斜拉桥的优点

斜拉桥属于多次超静定结构，内力计算复杂。斜拉桥这种结构体系的主要优势是可通过调整斜拉索索力，使得梁的弯矩尽可能减小，将弯矩转换为轴向力。斜拉桥中，梁承受弯矩及索力导致的轴向压力，塔主要承受拉索导致的竖向压力，这样能充分利用材料的强度。斜拉索使主梁的弯矩减小，可以将主梁做得更轻薄，使得结构轻巧，能获得较好的经济效果。与梁式桥、悬索桥相比，斜拉桥有很强的竞争力。

具体来说，斜拉桥有以下优点。

第一，通过调整斜拉索恒载作用下的内力，人们能设计出比较轻巧、经济的结构。

第二，施工时可借助斜拉索来架设主梁，采用悬臂法施工，既方便又可靠。

第三，拉索施加预应力，刚度比悬索桥大，有利结构保持稳定。

第四，拉索采用自锚体系，能适应不同地质条件，省去笨重、昂贵的地锚基础。

第五，采用轻量化的扁平钢箱梁或组合梁，梁高可做得很小从而获得较大的通航净空高度。

1.4.2 斜拉桥的发展趋势

近 50 年来，随着设计理论的发展、高强度材料的出现、结构试验的完善以及隔震减震技术的发展，斜拉桥建设蓬勃发展。随着斜拉桥建造理论技术的发展，无论是在结构形式方面，还是在建造工艺或者建造材料选用方面都有许多变化，主要有以下趋势。

1.4.2.1 跨径的增大

随着桥梁建造技术的发展，以及人们对桥梁的通航、跨越能力的要求越来越高，斜拉桥的跨径迅速增长。以前国内外学者划分斜拉桥和悬索桥的标准是以主跨 600 m 为分界线，该标准也早已被多多罗大桥打破。21 世纪以来，国内外斜拉桥的主跨都进入了千米级的行列，不断刷新着最大主跨的纪录。随着时代的发展，斜拉桥跨径增大是未来发展趋势。

1.4.2.2 密索体系布置的流行

早期建造的斜拉桥由于拉索材料强度不高，采用的都是稀索体系。对整个梁系来说，斜拉索分担的荷载有限，不能充分地发挥斜拉桥的结构优势。随着施工技术的发展以及高强度拉索材料的出现，拉索体系由稀索布置到密索布置成为可能。采用密索体系布置的斜拉桥，由于斜拉索分担了大部分的梁重及交通荷载,因此主梁内产生的弯矩较小,可以把梁高降低,结构也变得轻巧。梁重得到减轻,另外分担梁重的索的数量也增加了,这使得斜拉索索力有所减小。

1.4.2.3 多塔体系的运用

设计跨越能力要求高的斜拉桥,往往一跨或两跨的设计不是最优设计。在设计中随着跨度的增加,相应地就需要更多的桥塔。在现代桥梁建设中,建造跨海湾、跨海峡这类特大跨度的桥梁,由于跨度特别大,采用多塔体系来适当减小跨度成为必然选择。

1.4.2.4 采用钢管混凝土边纵梁的设计方案

部分斜拉桥解决了增大桥梁刚度和降低拉索疲劳应力幅的问题,因而会在铁路上得到广泛应用。部分斜拉桥在降低塔高的同时采取了辐射状索形,一方面增加了横向稳定性,另一方面不致使斜拉索效率下降太快。由于部分斜拉桥的拉索更平坦,其水平分力更大,主梁的轴向力也就更大,因此提高主梁的抗压能力就变得非常重要。采用钢管混凝土边纵梁的设计方案,是部分斜拉桥设计者的首选。其优点一是坦索引起的更大轴向力可以充分发挥钢管混凝土的抗压弯性能,二是封闭在钢管中的混凝土由于不失水,其收缩与徐变程度较一般混凝土小得多。

1.4.2.5 轻质、高强度、耐腐蚀材料运用广泛

斜拉桥结构自重降低不仅可以节约建造成本、改善结构受力方式,还能进一步提高斜拉桥的跨越能力。由于传统的钢、混凝土这些材料自身特性的限制,桥梁向轻型化发展较为困难。如何获得自重轻、强度高、耐腐蚀的材料将是解决这一难题的关键。碳纤维和芳纶纤维两种材料由于具有强度高、模量大、比重小、耐碱腐蚀等优点被引入土木工程领域,日益受到人们重视。

1.5 斜拉桥存在的问题

1.5.1 计算模型的问题

由于斜拉桥具有复杂的高次超静定结构,进行计算时首先要解决的问题就是建立符合实际的计算模型,将实际的结构力学模型化。分析模型能否准确、真实地描述实际结构的力学性能直接关系到计算结果的正确性。随着计算机技术的发展,三维空间结构分析基本取代了平面杆系结构分析,并引入了弹性连接、索和支座等有限元模型。

针对斜拉桥的计算模型问题,国内外已有一定程度的研究。目前,对斜拉桥的各种分析研究采用的桥面系模拟主要有脊梁式、双主梁式和三主梁式等,但是由于各自都存在着一定的局限性,分析结果各不相同,人们对这些研究一直抱有争议。也就是说,如何有效地对整个桥梁结构及结构细节、支座、连接等所具有的力学性能进行有限元模拟,人们一直没有找到一个满意的答案。

1.5.2 非线性行为问题

由于大跨斜拉桥是柔性结构,即使在正常荷载下,往往也会产生较大位移,结构的几何形状也会随之发生显著变化,整个结构表现出明显的几何非线性行为。概括起来有拉索的垂度效应,梁柱的轴力和弯矩耦合效应,以及形状改变引起的大位移效应。

国内外很多学者对斜拉桥的几何非线性行为进行过研究,但是由于斜拉桥结构的复杂性及分析方法不同,研究结果存在着一定的差异,甚至截然相反。因此,斜拉桥的非线性分析还不成熟,很多问题有待进一步研究。

1.5.3 抗震问题

目前，我国的铁路工程抗震设计规范和公路工程抗震设计规范都只适用于主跨在 150 m 以下的梁桥和拱桥，不适用于大跨度桥梁。国外绝大多数设计规范也只适用于中等跨径的普通桥梁，不适用于斜拉桥。人们了解斜拉桥的地震反应意义重大，一方面是因为斜拉桥的数量迅速增加，跨距不断增大，另一方面是因为地震曾破坏了大量的桥梁，然而还没有任何斜拉桥经受过强地震的考验。斜拉桥的地震反应分析是一项庞大而复杂的工作，不仅包括建立反映其实际力学性能的动力计算模型，还涉及阻尼问题、地震波的输入问题和各种非线性问题。同时，斜拉桥具有空间性，跨度较大，在地震波传播的过程中有相位差、相干损失和行波效应等，这些特点使得斜拉桥的地震反应呈现出独特性。

斜拉桥形式多样，各种结构体系的抗震性能也有明显的差别。虽然国内外对斜拉桥的地震反应进行了广泛研究，人们对斜拉桥的地震反应特性也有了一定的了解，但是研究结论还不一致，受分析手段的限制，一些分析模型、分析方法不尽合理。

1.5.4 抗风问题

斜拉桥是柔性结构，容易因风的动力影响而发生振动。风对桥梁结构的作用会随着流过桥梁结构周围的气流状态而变化，气流状态又随桥梁结构端面形状及风向角度而变化，风的动力影响会使得斜拉桥主梁、塔、索出现抖振、涡激振、驰振、颤振等现象。因此，除了风速和风向本身的变化，桥梁结构的变形、振动又会使风对桥梁结构的速度和作用方向发生变化。

虽然人们对斜拉桥的风振控制问题进行了大量研究，但是由于风本身的复杂性和斜拉桥结构的特殊性，人们对该问题目前还没有充分的认识。

1.6 斜拉桥的种类

1.6.1 钢斜拉桥

1.6.1.1 钢斜拉桥的现状

在现代斜拉桥中出现最早的是钢斜拉桥。早在 20 世纪 50 年代建成的，如瑞典的斯特伦松德桥、德国的特奥多尔-豪斯桥和塞弗林桥等，以及 60 年代建成的世界著名桥梁，如德国的弗里特里希-欧贝特桥、格尼桥，日本的摩耶大桥与尾道大桥等，无不是钢斜拉桥。

钢斜拉桥的最大跨度在 20 世纪 50 年代就已超过 300 m，进入 60 年代后仍徘徊在 300～400 m。直到 1975 年圣纳泽尔大桥在法国建成，其主跨达 404 m，是第一座跨度突破 400 m 大关的钢斜拉桥，也是当时世界上跨度最大的斜拉桥。10 年后，即 1985 年，主跨为 405 m 的名港西大桥在日本建成，但它却不是世界上最大跨度的斜拉桥，因为当时主跨为 440 m 的卢纳桥已在西班牙建成。

20 世纪 80 年代下半期，钢斜拉桥的跨度继续增大。1987 年主跨为 450 m 的湄南河桥在泰国曼谷建成，1989 年主跨为 460 m 的横滨海湾大桥在日本建成，1993 年主跨为 485 m 的东神户大桥建成，1994 年主跨为 510 m 的鹤见航道桥建成。

当代大跨度钢斜拉桥的主梁除需要布置成上下双层桥面的少数桥梁采用钢桁梁之外，一般均采用扁平流线型钢箱梁。采用钢桁梁作为主梁的钢斜拉桥大部分集中在日本，如横滨海湾大桥、东神户大桥等。

跨度超过 400 m 的钢斜拉桥中采用单索面的仅有主跨为 450 m 的湄南河桥以及主跨为 510 m 的鹤见航道桥两座。主跨小于 400 m 的单索面钢斜拉桥则比较多，如德国的杜伊斯堡-诺伊恩坎普桥，日本的末広大桥和大和川桥等都是较著名的单索面钢斜拉桥。

1.6.1.2 钢斜拉桥的特点

与混凝土斜拉桥相比，钢斜拉桥具有以下特点。

（1）设计计算方面

由于钢材的材质比较均匀，极限抗拉应力、容许应力、计算应力与实测应力之间的关系比较明确，且易于掌握。弹性模量值较固定，因此变形计算也较为精确。

（2）结构细节方面

由于钢结构易于栓接或焊接，细节处理比较容易。斜索在钢塔端及钢梁端的锚固细节与补强也较易于设计。

（3）构件制造方面

构件可在工厂内制造，并可通过各种检查与试组拼，将尺寸误差降到最小。

（4）施工架设方面

由于构件较轻，其适用吊机分块、分节段，甚至大件整体吊装。施工工期较短，现场工作量也较少。

（5）运营性能方面

由于桥梁自重与刚度较小，其变形、振动等均较大，有利于抗震。

（6）养护管理方面

必须经常检查并定期更新防护用的涂层。

1.6.1.3 钢斜拉桥实例

下面以山东东营胜利黄河大桥（图 1-39）为例。

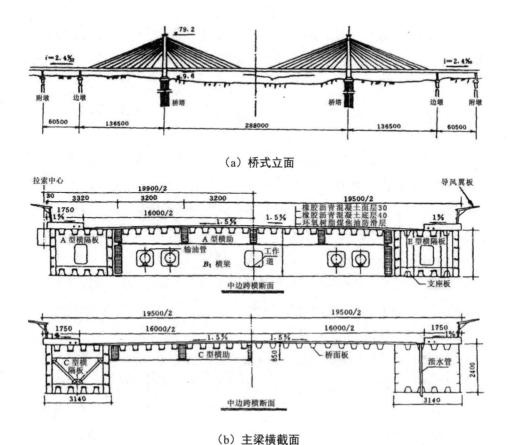

（a）桥式立面

（b）主梁横截面

图 1-39　东营胜利黄河大桥（单位：mm）

该桥是我国第一座钢斜拉桥，于 1985 年 12 月 28 日开工，1987 年 10 月 1 日通车，工期不足两年。该斜拉桥的设计单位为山东省交通厅规划设计院，施工单位为山东省交通工程公司，其中钢梁的制造由宝鸡桥梁厂承担，工地接缝的焊接由青岛北海船厂负责。全桥总造价约为 7 107 万元（概算数字，其中包括 29% 的间接费），其中主桥约为 4 833 万元，引桥约为 2 274 万元。

（1）桥梁规模及技术标准

该桥设计荷载为 4 车道：汽—20，挂—100，人群 350 kg/m²。另有 4 条 Φ529 mm 的油管。桥面总宽为 19.5 m。有效宽度：1.5 m（人行道）＋16 m（车行道）＋1.5 m（人行道）。最高通航水位起算为 8 m（考虑黄河淤高）。风荷载按《公路桥涵施工技术规范》计算，当地最大风速为 31 m/s。桥面坡度：纵坡 2.4‰，双向横坡 1.5%。温度荷载：体系温差±20 ℃，梁上下温差 5 ℃，塔两侧温差±5 ℃，索与梁温差±5 ℃。地震荷载为 6 度（按 7 度考虑）。

（2）主梁

钢主梁采用由正交异性板组成的分离式双箱截面，总宽 19.5 m。两箱之间由正交异性钢桥面板及钢横梁连接。每个单箱的宽度为 3 m，箱高 2.4 m。钢桥面板带有双向 1.5%的横坡，板上铺设 70 mm 厚的沥青橡胶层。除斜索锚固点处及个别部位使用 20 mm 厚板之外，其余部位均采用 8 mm、10 mm 及 12 mm 的薄板，材质为 16 Mn 钢。钢横梁的间距为 12 m（与梁体上的纵向索距同值），高度与箱梁高等值。正交异性钢桥面板的构造为：箱室顶底板及两箱之间的桥面板采用 U 形闭口纵肋，T 形横肋（间距为 2.5～2.75 m）；腹板采用单板式开口纵肋及竖肋。在箱室内的无横梁处，横肋之下另有两个斜杆加强支撑，有横梁处则为仅留人孔的满室横隔板。钢主梁每延米钢重仅 7.8 t，有自重较小而导致活载比重较大的倾向，使斜拉索恒载索力较小而产生自重垂度较大（拉紧程度较小），故在设计中充分利用 4 条钢油管及混凝土人行道来将主梁的自重增加到每延米 12 t。

为了有利于抗风，本桥采用透空式人行道以及在人行道栏杆的上部增设导风用的抑流板（也称整流板或导流板）结构。全桥抑流板共用钢 62.1 t，合每延米 45.5 kg。

（3）桥塔

混凝土桥塔采用门式框架结构，塔柱是变截面的竖直构件，桥面以上为空心箱形截面，上段锚固斜拉索的部分采用 H 形等截面。尺寸为：顺桥向 3.4 m，横向 2.8 m，翼板厚 45 cm，腹板厚 160 cm，两侧槽口尺寸为 90 cm×190 cm。桥塔采用 C40 级混凝土浇筑，桥面以上部分的塔构件外包钢板。为使其外观和色调与主梁的钢结构一致，均涂上孔雀蓝色，一改钢桥过去的灰色景观。塔的高度从承台算起为 69.7 m，从桥面算起为 56.4 m，相应的高跨比为 1/5.11。桥塔与主梁为分离（非固结）结构。

（4）斜索

本桥的斜索布置为双索面扇形多索体系。主梁上的索距为 12 m，比一般密索的索距大一些。每塔每侧每个索面从上到下共有 10 组斜索，全桥共 80 组斜索。除 8 组外索（最上 1 组）为两根钢丝索之外，其余各组皆为单根钢丝索，故全桥共有 88 根钢丝索。钢丝索外径为 50～70 mm，由 73～127 根 Φ7 mm 镀锌钢丝组成，共有 5 种截面，采用从日本进口的 New PWS 型成品索，外层为 5 mm 厚的黑色聚乙烯（PE）防护层。锚头采用热铸锚，锚杯内浇铸锌铜合金。

（5）施工

桥塔的施工。利用塔吊作为提升机具，采用分段浇筑。

主梁的施工。钢主梁在工厂制造时先将梁体纵向分段，每段长 12 m，与索间距及钢横梁的间距等值；然后横向将全截面分成六个部件，即 2 个单室钢箱和 4 块正交异性钢桥面板，后者的宽度每块不超过 3.3 m，以便火车运输。每个 12 m 长的工厂成品块件的最大起吊重量为 25 t。钢梁安装先在支架上拼装边跨，从引桥端开始逐段拼装到桥塔处，然后从桥塔处作单伸臂悬拼主跨的逐个节段，每伸臂悬拼 12 m 主梁后即安装一组（截面上下游两侧各组）斜索，直至合龙段等待合龙。在主跨单伸臂的过程中，边跨主梁的各中间临时支点逐渐拆除，使边跨梁重起到平衡作用。钢主梁在横向的块件拼装顺序为：先安装两侧箱梁节段，然后用横梁将 2 个箱梁连接好，再安装 4 块正交异性桥面板节段。拼装时前后 12 m 节段之间的横向接头先用 40 硼钢的 Φ22 mm 高强度螺栓连接。待斜索张拉完毕，横向 6 个分块之间的 5 条纵向接缝再采用工地焊接。每安装一段 12 m 长的主梁施工时间需 4～8 台班，全桥除合龙段之外的 56 个节段在 120 天内安装完毕。合龙段的长度为 14.75 m。由于实际合龙温度高出设计合龙温度（＋10 ℃），合龙段两侧伸臂端各伸长约 6 cm，因此合龙时采用 4 个 50 t 千斤顶将合龙缺口顶开 11～12 cm 后，再将合龙段钢主梁按需要尺寸切割调整后进行安装。合龙工作在三天内做完。

斜索的施工。由于采用商品钢索，故现场无制索作业。斜索（钢丝索）经吊机起吊引架就位后即可安装张拉。斜索的张拉作业在主梁一端进行，上端在塔柱上交叉锚固。张拉端的锚箱栓接在箱梁的外腹板上。锚箱由 20 mm 钢板制成，一般尺寸为 60 cm×70 cm×80 cm 方箱，主要承受弯矩和剪力，受力部分 4 条肋的间距为 150～300 mm。每根钢索使用 300～500 t 穿心式千斤顶张拉，并沿用济南黄河斜拉桥的一次张拉法。

总之，本桥是一座钢主梁斜拉桥，造价虽略高于混凝土斜拉桥，并在使用期的养护费用也高，但工期不到 2 年，其带来的经济效益应能起到弥补作用。本桥的抑流板抗风作用，经试验证明能减少 14 m/s 风速下产生的涡激振幅（30%～50%），这种做法对钢斜拉桥来说是有益的。全桥合龙后实测各控制点的高程误差为 30～130 mm，索力误差一般为 2%，最大达 5%。通车后经鉴定试验，证明静载试验结果的结构变形、应力值和分布规律与计算很接近。

1.6.2 混凝土斜拉桥

1.6.2.1 混凝土斜拉桥的现状

斜拉桥的工艺技术源于德国，一些重要技术也都在 20 世纪 50 年代与 60 年代中期出现在德国，而且建筑材料以钢为主。目前，斜拉桥的工艺技术正在发展，建桥材料仍以钢为主。但世界上的某些国家和地区，由于当地的工业、技术、资源与文化的关系，倾向于修建混凝土斜拉桥，我国也是这样。实际上，混凝土斜拉桥的确也有它自己的优点，因而在中国、法国、西班牙、意大利、瑞士、美国等出现了许多引人注目的混凝土斜拉桥，包括就地浇筑的和预制拼装的混凝土斜拉桥。比较有代表性的有我国的石门桥和武汉长江大桥，意大利的波尔塞弗拉桥，阿根廷的凯哥柯林茨桥，法国的勃鲁东桥，美国的帕斯科-肯纳威克桥，西班牙的卢纳桥，墨西哥的夸察夸尔科斯桥，以及挪威的斯卡恩圣特桥等。

在世界范围内，混凝土斜拉桥的发展虽然比钢斜拉桥晚一步，但在跨度方面并不落后于钢斜拉桥。1985 年之前，当钢斜拉桥的最大跨度尚停留在 404 m（法国的圣纳泽尔大桥）时，混凝土斜拉桥的最大跨度在 1983 年时就已达到了 440 m（西班牙的卢纳桥）。20 世纪 90 年代初，建成于挪威的斯卡恩圣特桥以 530 m 的跨度成为当时世界跨度最大的混凝土斜拉桥，而当时钢斜拉桥的最大跨度尚未超过 500 m，直到 1994 年末，主跨 510 m 的鹤见航道桥才在日本建成。

从长远发展来看，混凝土斜拉桥的最大跨度要小于钢斜拉桥、组合梁斜拉桥和混合梁斜拉桥。目前，主跨超过 400 m 的混凝土斜拉桥仍为数不多。其中部分地锚式非连续体系的混凝土斜拉桥有西班牙的卢纳桥（主跨 440 m）和我国的郧阳汉江桥（主跨 414 m）；自锚式连续体系的混凝土斜拉桥有挪威的斯卡恩圣特桥（主跨 530 m）和赫尔格兰特桥（主跨 425 m）等。

我国主要发展混凝土斜拉桥。到 20 世纪 80 年代末，我国已建成混凝土斜拉桥约 30 座，约占世界斜拉桥总数的 1/10，占世界混凝土斜拉桥总数的 1/5。但我国混凝土斜拉桥的最大跨度在 20 世纪 80 年代中期尚未突破 300 m。进入 20 世纪 90 年代后，我国混凝土斜拉桥的最大跨度越过 300～400 m 级，一举迈入 400～500 m 级。

1.6.2.2 混凝土斜拉桥的特点

可以通过与钢斜拉桥、组合梁斜拉桥的多项目比较来说明混凝土斜拉桥的特点，具体如表 1-1 所示。

表 1-1　混凝土斜拉桥与钢斜拉桥、组合梁斜拉桥的多项目比较

项目	钢斜拉桥	组合梁斜拉桥	混凝土斜拉桥		性能要求
			预制拼装	就地浇筑	
恒载	A	B	C	C	减轻桥梁自重
质量	C	B	A	A	空气动力质量阻尼
材料阻尼	C	B	A	A	改善空气动力响应
徐变	A	B	C	D	尺寸线形的稳定性
收缩	A	B	C	D	尺寸线形的稳定性
耐久性	C	B	A	A	最佳耐久性
改造的难易	A	B	C	C	易于改造
施工的难易	B	A	C	D	连接的难易
路面造价	B	A	A	A	降低路面的造价
斜索的连接	C	B	A	A	
斜索疲劳	C	B	A	A	降低活载/恒载比值
基本造价	C	A	B	B	与跨度及地区有关

注：表中的 A、B、C、D 表示优劣等级。

（1）恒载

钢斜拉桥上部结构的恒载最轻。上部结构的恒载对总的造价是比较敏感的，因为它会影响斜拉索、主塔及基础的截面尺寸。但上部结构的恒载对其本身造价不一定有很大的影响，除非跨度特别大。由于钢结构恒载较轻，所能节减的造价很容易被其他一些因素抵消，这些因素对上部钢结构是不利的。

（2）质量

跨度很大时，桥梁上部结构的空气动力性能会影响总体设计。质量是提高截面抗风性能的一个重要因素，并且比其他提高空气动力稳定的因素（如导风构造或质量阻尼器等）更为重要。

（3）材料阻尼

材料阻尼也会影响桥梁的空气动力性能，虽然桥梁上部结构的钢与混凝土的材料阻尼值相差并不太大。设计钢斜拉桥的上部结构时，通常假设其极限阻

尼值为 0.1%。近代预应力混凝土斜拉桥或组合梁斜拉桥的上部结构,通常采用处于高三维应力状态的高强度混凝土,在小振幅(150 mm)时的极限阻尼值一般为 0.3%。固然,混凝土的材料阻尼值在振幅较大时可能会增大,但是在实际验算空气动力性能时,只需考虑小振幅时的结构阻尼值。

(4)徐变与收缩

时程对混凝土斜拉桥和组合梁斜拉桥的影响较大。在混凝土桥梁中,它首先将影响桥梁上部结构的长期几何线形变化,并使桥梁上部结构中的恒载弯矩在一定程度上有所改变。在组合梁斜拉桥中,收缩与徐变还会长期改变混凝土截面与钢截面两者共同承受的轴向力之间的比例。

上述情况直接与材料的徐变系数及收缩系数有关,这些系数最好在准备用于桥梁的混凝土及配试件上测得。在工作中,应尽早开始准备试验。

(5)耐久性

桥梁上部结构的耐久性受初步(概念)设计、详细设计以及其他环境因素的影响。然而,桥梁设计的结果在大部分桥梁各个组成部分的寿命终了之前就在技术和功能上变得无用。例如,除采用耐候钢材之外,部分钢桥会根据当地的环境条件每隔 10 年到 20 年刷油漆一次。混凝土桥无须刷油漆,但是如果腐蚀物质渗入混凝土而达到钢筋处时,修复的费用将远远超过钢桥所用的油漆费用。细节上要充分注意,如采用较厚的混凝土保护层、用分布钢筋来控制裂缝、施加后张预应力以及在梁体桥面中使用涂有环氧树脂的钢筋等,都能增强混凝土桥梁的耐久性。

以上措施都将延长桥梁的寿命,只需在基本投资上增加一笔较小的投入。

(6)关于改造

钢斜拉桥与组合梁斜拉桥的另一个优点是它们易于改造。对既有钢桥的构件采用现场钻孔、栓接或进行焊接是可以做到的,这些连接方法可得到足够的连接强度并且不影响既有构件的强度。这种易变性是钢结构构造的一大优点。改造混凝土桥梁就没有那么简单,因为混凝土桥梁的构造难以采用这些方法去连接,势必要为锚固补强钢筋或后张预应力筋而在早已密布钢筋和预应力筋的截面中进行钻孔。

（7）关于施工

方便施工对斜拉桥来说是一个重要的造价参数。钢桥梁构件的尺寸可以在工厂内得到精确控制，并易于在工地栓接。几何尺寸的精确与连接的方便有助于控制桥梁的线形，也有利于加快施工速度。

预制的预应力混凝土构件同样可以保持线形，也方便施工，虽然它的连接一般是采用将构件连接后再施加后张预应力的方法。这比钢构件的栓接稍微复杂一些，因为混凝土构件在充分对连接处施加预应力之前，被连接的构件不能支承自己的重量，而钢结构只需在接头处插上铰销就可负担其自重。

就地浇筑混凝土的情况就大为不同。混凝土斜拉桥的新浇筑构件在它达到足够的强度之前不能承受其自重，这意味着要等待几天或几个星期的时间去支承其自重后才能继续向前施工。另外，对就地浇筑构件的结构线形要更加注意其恒载变形、徐变及收缩等的影响。就地浇筑混凝土的工作还与气候有关。混凝土的强度对环境气温很敏感，这在冬季会严重影响施工进度。

（8）桥面结构的造价

混凝土桥面板具有双重功能。它既是作为承受斜索水平分力引起轴力的构件，又是供交通行车使用的桥面。预制的预应力混凝土板是最经济的桥面板。这种板有很高的强度和精确的几何尺寸，并且易于架设。如果有很好的细节设计，这种预制板可以很容易地与桥梁的上部结构连接。这样有利于保证桥面平整以适于行车，以及尺寸精确、耐磨耗、耐久、防水、低造价等，而以上这些特点是一座成功的桥梁所必须具备的。

次经济的桥面板是就地现浇混凝土板。它的经济效益次于预制板的原因是其需要很多的现场劳力来拆装模板。在尺寸误差、平整度、行车性能等方面就地浇筑板也较预制板差。

最昂贵的桥面板始终是钢制的正交异性板。这种桥面构件在焊接和尺寸方面要取得高质量是很难办到的，并且组拼与安装方面所费劳力较多。另外，对正交异性板来说，成功的路面需要有较高质量的材料和操作方法。环氧沥青是最耐久的路面材料，但这种材料是极其昂贵的。

（9）斜索与梁体的连接

在斜索与梁体连接方面，混凝土斜拉桥是比较便利的，这是因为斜拉索可以埋置在梁体内的斜向钢管并锚固在梁底，安装与锚固极为方便。

钢箱梁也可用上述方法来锚固斜拉索，虽然在锚固区需要有加劲构件来承受局部的锚固力。然而，对最经济的钢斜拉桥与组合梁斜拉桥来说，常用工字形钢板梁作为上部结构的主梁，这样就不可能采用上述穿入斜拉索的方法来进行锚固。

（10）斜索的抗疲劳要求

斜拉索的活载疲劳问题与设计活载强度、边跨/主跨的比值，以及活载/恒载的比值有关。在讨论这个问题时这里将只考虑活载/恒载比值。

恒载较大的桥梁可以适当解决斜拉索的疲劳问题，因为活载只是斜拉索总荷载的一小部分。这意味着组合梁与混凝土梁的斜拉索可能比较经济，斜拉索的连接构件承受着较大的恒载（对于活载来说）。

（11）基本造价

除跨度非常大的斜拉桥由于要求自重较轻要全部采用钢结构之外，实践证明，组合梁的构造方式是最经济的。经济的主要原因是完全采用工厂制造或接近工厂制造的构件，这些构件易于组装。

1.6.2.3 混凝土斜拉桥的实例

（1）重庆石门桥

重庆石门桥（图 1-40）位于重庆市区，横跨嘉陵江，并利用江中石门的南石岛建立塔墩，故被命名为石门桥。全桥总长 716 m，主桥偏南，为 200 m＋230 m 两孔单塔单索面斜拉桥。引桥偏北，为 5×50 m＋36 m 六孔顶推连续梁。主桥的工程造价为 2 527 元/m²，总造价为 3 641 元/m²，折合费用分别为 2 771 万元、3 992 万元（按主桥桥面宽 25.5 m、全长 430 m 计）。此桥于 1985 年 12 月 25 日开工，1988 年 12 月 15 日建成。全桥由上海市政工程设计院设计，重庆市桥梁工程公司施工。

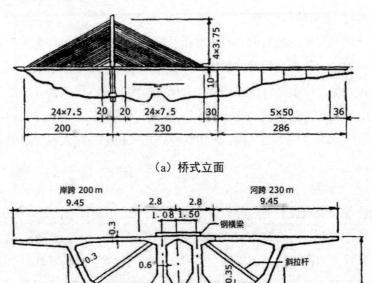

（a）桥式立面

（b）主梁横截面

图 1-40　重庆石门桥（单位：m）

桥梁规模及技术标准。设计荷载：4 车道汽—20，挂—100，平板车—300 验算，人群 350 kg/m²。桥面总宽：25.5 m（包括中央 4.5 m 分隔带）。有效宽度：3 m（人行道）+7.5 m（车行道）+7.5 m（车行道）+3 m（人行道）=21 m。桥下净空要求：130 m 宽×16 m 高（实际不控制设计）。地震烈度：基本烈度为 6 度，按 7 度设防。温度荷载：年温差 0～36 ℃。日照温差：主梁上下缘±10 ℃，塔左右±10 ℃，梁索±26 ℃，塔索±10 ℃。设计风速：27 m/s。桥面坡度：纵坡 0%，横坡 2%（车行道）、1%（人行道）。

主梁。斜拉桥的主梁为与塔墩固结的两跨连续预应力混凝土结构，南侧跨度为 200 m 的主梁端部支承于桥台上，北侧 230 m 主跨的主梁自塔墩中线伸出 226 m，其端部支承于邻近孔连续梁的 4 m 长的伸臂牛腿上。梁体采用三室倒梯形单箱截面。在 2 个边箱室内每隔 1.875 m 设有一组斜拉杆，拉杆内的预应力钢丝索锚固于桥面板顶层的钢横梁上。箱梁高度为 4 m，它与主跨的高跨比为 1/57.5。箱顶两侧各伸出 4.25 m，总宽 24.5 m，箱底宽 13 m。顶板厚 30 cm，顶面做成带有桥面所需的 2%的双向横坡。底板厚 35 cm，外侧斜腹板厚 30 cm。箱内中间 2 个竖腹板加厚为 60 cm，用以放置劲性钢骨架及锚固单索面的 2 排平行布置的斜索。

在梁、塔、墩三者固结处箱梁内设有 2 道横梁。主梁在塔柱下采用倒梯形实体节段以与墩顶实体段固结。在 200 m 跨度的梁端 10 m 范围内，箱内设有平衡重，以避免在南桥台上出现负反力。在 230 m 跨度的距塔中线 226 m 远的梁端处设有上牛腿，以支承在邻孔伸出 4 m 的下牛腿上。每组斜索在主梁上的纵向锚固中心间距为 7.5 m，每组斜索在桥梁的横向有 2 肢索组，2 肢索组的横向间距为 3 m（230 m 跨）及 2.16 m（200 m 跨），与箱梁中间竖腹板的中心距相同。主梁两端均设有横向止推装置。梁体采用 C40 号混凝土，施加三向预应力，即顶板的横向预应力、腹板的竖向预应力以及主梁横截面上的纵向预应力。后者在塔柱两侧各 200 m 范围内由斜索的水平分力提供，仅在主跨内超过此范围的局部梁段中另用 Φ5 mm 钢丝索施加预应力。

桥塔。单柱钢筋混凝土结构的桥塔设在桥面中央的分隔带上，自桥面算起塔柱高度为 113 m，高跨比为 1/2.04。塔柱采用等截面，其轮廓尺寸为 4 m×9.5m（横桥向×顺桥向），但在桥面净空以上部分的横向宽度由 4 m 扩大到了 4.5 m。下部 18 m 为实心段，采用 C50 号混凝土；上部则为空心段，采用 C40 号混凝土。塔柱上每组斜索的竖向锚固中心间距为 3.75 m，锚固点预埋在横向式交错排列的 Φ299 mm×10 钢管中，供斜索锚固，并设有锯齿形张拉槽。塔顶配备机房，内有提升设备可供养桥用，另有航空灯具及避雷针等设施。

斜索。斜索布置为单索面竖琴形密索体系。塔柱两侧的每个跨度从上到下各有 25 组斜率为竖 1 比横 2 的斜索。如前所述，每组斜索由横向间距与箱梁中间竖腹板中心距（3 m 及 2.16 m）相同的 2 肢索组合在一起组成，而每肢索组又各含有顺桥向排列的 4 根（最上和最下一组）及 2 根（各中间组）独立的钢丝索。因此，全桥共有 2 跨×2 肢×（2 组×4 根＋23 组×2 根）＝216 根独立钢丝索。每根钢丝索由 299 根及 265 根 Φ5 mm 钢丝组成，前者用于最上及最下一组（共 32 根），后者用于中间的 23 组（共 184 根）。钢丝索的长度为 29.8～234.0 m（包括锚具）。钢丝皆镀锌，抗拉强度为 1 600 MPa。钢丝索的设计拉力分别为 380 t、336 t。钢丝索由平行钢丝编制后采用人造橡胶分段硫化热压包覆作为防护措施，不需压注水泥浆，因而可减轻自重（索重约 45 kg/m）和减小垂度。钢丝索成品的直径为 11～12 cm。每根钢丝索在梁与塔的出口处设有橡胶阻尼块，采用 HiAm 冷铸锚。该设计中考虑了可在不中断交通的情况下更换任何一根钢丝索。

塔柱的施工。塔柱内除布置有较密集的 Φ28 粗钢筋之外，还设有劲性钢骨架。216 根供斜索锚固用的钢管全部定位于钢骨架上，以保证其相对位置的精度。下部实心段分段立模现浇，上部空心段则采用液压滑模法施工。浇筑混凝土时，先由工作跨度为 519 m 的跨江缆索吊机将拌和好的混凝土输送到塔柱旁，除下部实心段直接由缆索吊机运送之外，上部空心段再由塔旁设立的高达 120 m 的塔式吊机作竖向运送。浇筑时分节段进行，与主梁节段施工同时并进，但要超前若干节段，以便能及时安装和张拉斜索。

主梁的施工。除墩顶节段（零号块）及箱内设有平衡重的南端节段用托架施工，以及北端无斜索节段用导梁施工外，其余节段皆用劲性钢骨架及悬挂式工作平台（小挂篮）进行施工。每个标准施工节段的长度为 15 m，含有 2 组斜索。先利用缆索吊机安装中间箱的劲性钢骨架和工作平台，将劲性钢骨架后端与已完成节段的骨架对接，前端支承在初张拉的斜索上。依靠劲性钢骨架承重来浇筑中间箱混凝土，逐节向前推进。边箱的施工则与中间箱节段错开（落后）进行。利用前面已完成的中间箱节段和待浇筑边箱中的斜拉杆预应力索来悬吊工作平台以浇筑边箱的底板。然后由边箱底板与斜拉杆的预应力钢索组成三角形构架，并由它来承重以浇筑边箱的斜腹板和顶板。最后，再用横向小挂篮悬浇桥面伸臂板。整个箱梁的施工以上述方式向前推进。施工时可调整索力来维持主梁的线形。

斜索的施工。制索场位于离桥南端约 3 km 的马路上。成品短索放在多个小平车上由汽车牵引到现场，长索卷盘装车运输，然后由缆索吊机提升到桥面，用卷扬机引入塔柱预埋钢管中，下端引入焊固于主梁劲性骨架的钢管中。下端锚固后用 300 t 千斤顶在上端张拉。

总之，本桥主跨 230 m，在单塔混凝土斜拉桥类型中，仅次于美国的东亨丁顿桥，在单塔单索面混凝土斜拉桥中更是处于领先地位。由于本桥每组斜索中的 2 肢索组的横向间距拉开得相当大（3 m 及 2.16 m），故从整体上看虽形似单索面，但从近处看又形似相隔较近的双索面，而从结构受力特性上来分类又无疑是单索面。本桥主梁利用劲性钢骨架从中间凸出先行，两边依次跟上的伸臂方式进行施工，是以上海恒丰北路斜拉桥作为试验桥基础的，同样的例子还有广州海印大桥。

（2）西班牙卢纳桥

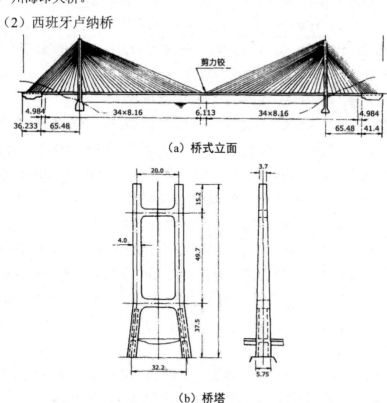

（a）桥式立面

（b）桥塔

图 1-41　西班牙卢纳桥（单位：m）

西班牙卢纳桥（图 1-41）位于西班牙莱昂市近郊，建成于 1983 年 8 月。全桥由 3 跨混凝土斜拉桥构成，其中跨的跨度达 440 m，曾一度是世界上最大跨度的混凝土斜拉桥。本桥两个边跨的桥台为重力式平衡结构物，锚固有相当多的边跨端部的斜索。边跨的跨度较难用常规方法计值，若以塔墩中线至桥台前端边缘来计值，则边跨仅为 65.48 m。因此边跨与中跨的比值特别小，约为 1/6.72（或 0.149）。采用重力式平衡桥台也正因为边跨太小，必须由它来平衡负反力。

本桥主跨 440 m 的中央设有剪力铰。左右岸边跨的平衡重锚固桥台长度分别为 36.233 m、41.400 m，它们的混凝土用量各约为 10 000 m³。桥台内部设置锚固斜索的工作通道，以便张拉、锚固及更换斜拉索。这种桥台是三向预应力结构，在主梁方向有纵向预应力，在竖直方向有斜索竖直分力及一部分预应力的锚索形式的竖向预应力，在横向的上部配置预应力直索，下部配置预应力弯索。由于平衡重锚固桥台再加部分地锚索的做法，本斜拉桥在结构上为部分自锚及部分地锚，这一点与一般斜拉桥的做法有所不同。

桥梁规模及技术标准。设计荷载：多车道公路荷载（等级不详）。桥面总宽：22.5 m（栏杆外侧至外侧）。有效宽度：2 侧各 1.25 m 人行道，中间 20 m 车行道内包括有中央分隔栅栏、两侧缘石及护轮栏。桥下净空：宽度不受限制，高度约 15～16 m。桥面坡度：纵坡 0%，横坡约 2%（双向）。

主梁。混凝土主梁的标准截面为扁平型带斜腹板的三室箱梁。但在中孔跨中区段（约长 277 m）由于斜拉索水平分力产生的轴向压力比较小，为了减轻自重，将主梁中间箱室的底板设计成开口状，开口的最大宽度为 4.3 m。主梁顶宽 22.5 m，宽跨比为 1：19.6，底宽 14.56 m。梁高在路冠处为 2.5 m，由于顶面设有横向坡度的关系，在两侧的梁高降为 2.3 m，高跨比为 1/191～1/176，平均为 1：183.5。

箱梁的顶、底板与竖腹板的厚度均为 20 cm，斜腹板厚 24 cm。箱梁两侧的上端各带有下缘为曲线的实体吊耳块，既作为斜拉索的锚固块，又起一定的导风作用。在主梁的各箱室内每相隔 4.08 m 设有一道 20 cm 厚的横隔板，板上挖有 5 个 96 cm×96 cm 的孔洞。每两个横隔板中有一个是起传递索力作用的（索距为 2×4.08 m＝8.16 m）横梁。主梁有三向预应力索，在斜索锚固位置附近配置有竖向和横向预应力索，以克服局部拉应力。在纵向沿主梁除施加等值的预应力之外，在中孔跨中区段还另外增加一部分预应力以弥补该区段斜索水平分力的不足。主梁在边跨端部与桥台固结，在塔墩处不设竖向支点，但在横向设有可抵抗 650 t 横向水平力的支座。

桥塔。混凝土桥塔采用上部为 H 形、下部为梯形的门式框架结构。塔柱的总高度约为 102.382 m，塔顶高出桥面约 90 m，高跨比约为 1/4.9。塔柱截面的顺桥向尺寸是从上到下逐渐加大的，由塔顶处的 3.7 m 按直线双向斜坡加大到塔柱底部与塔墩固结处的 5.746 m。塔柱截面的横向尺寸：上部 64.9 m 高的竖直部分为 4～4.8 m（上—下），下部 37.482 m 高的倾斜部分为 4.8～5.392 m（上—下）。另外，直柱段为实体截面，斜柱段为空心截面，空心箱室的尺寸为 2 m×2 m。

斜柱段箱室中在主梁通过的高程处设有厚度为 1.0 m 的水平隔板，用以抵抗主梁传递给塔柱的横向水平力。塔架上下设有两道实体矩形截面的横梁，宽度与塔柱的顺桥向尺寸相同，上下横梁跨中的高度分别为 3.0 m 和 3.5 m。上部两根竖直塔柱之间的中心距离为 20 m，下部两根斜柱底部的中心距离为 32.188 m。下段塔柱以 6.15：1 的斜度逐渐加大斜柱间的净空，使 22.5 m 宽的主梁得以通过桥塔并设置横向水平支座。

斜索。斜索的布置为双索面非对称扇形密索体系。每塔每柱在主跨一侧从上到下共有 34 道斜索，边跨一侧从上到下共有 21 道斜索，其中上面的大部分斜索以近于 45° 的斜角锚固于平衡重锚固桥台上，另 8 道锚固在边跨的梁体上。全桥共有 4×（34＋21）＝220 道斜索。每道斜索由 31～80 根 Φ15.2 mm 的钢绞线组成。锚具采用 Stronghold 体系的 B 型（注入树脂＋锌粉＋钢丸）。斜索外套为壁厚 5.5 mm 的聚乙烯保护管。为了使钢索与套管之间保持比较一致的间隔以便压注水泥浆，在钢索与套管之间设有螺旋筋。斜索加套管后的直径如表 1-2 所示。

表 1-2　斜索加工套管后直径表

15.2 钢绞线的根数（根）	31	37	43	61	80
斜索加套管后的直径（mm）	140	160	180	200	225

为了不使斜索的聚乙烯套管与混凝土孔道口直接接触而引起损伤，可在混凝土孔道内埋置保护钢管，或在聚乙烯管插入螺旋钢筋后用柔软的防水树脂充填密实。

桥塔的施工。本桥由于塔形比较简单，塔柱采用提升模板法施工。

主梁的施工。梁体采用分节段就地浇筑悬臂法施工，但与一般斜拉桥的方法有所不同。因为边跨主梁是固结于重力式平衡桥台，故从邻近桥台部分的梁段开始，逐段伸臂浇筑，一直到中孔的跨中剪力铰处。由于边跨梁下净空较小，故伸臂施工主梁时边跨设有若干临时支点（支架）。但主跨因跨越湖面的关系，则利用梁前移动式挂篮逐段伸臂浇筑。伸臂施工时每个节段长度为 4.08 m，每个节段的端部设有一道横隔板，每施工 2 个节段为一个单元（长 8.16 m），并有一道斜索。

斜索的施工。斜索的固定端设于塔柱上，张拉端设于主梁的梁体（两侧的吊耳块部分）上。张拉作业在护轮栏外侧，在由特制的作业车吊下的工作平台上进行。该设备在桥梁建成后可留下作为养桥使用。斜索外的聚乙烯套管，每节长约 6 m，在现场热压连接，加热温度为 150～220 ℃，以 150 ℃为宜。

总之，本桥最大的特点为采用平衡重锚固桥台，并以部分地锚的方式来解决边跨与主跨比值太小的难题。另一特点是主跨中设铰，它带来的缺点是增加养护工作量以及桥面易出现转折而不连续的现象。本桥在主孔半跨有设计荷载及全跨有设计荷载时，铰接点桥面的转折角分别为 0.3° 和 0.6°。

1.6.3 组合梁斜拉桥

1.6.3.1 组合梁斜拉桥的现状

组合梁斜拉桥在 20 世纪 80 年代才得到发展，最具代表性的桥梁是加拿大的安纳西斯桥，当时它以 465 m 的主跨成为世界最大跨度的斜拉桥。此后，由于组合梁斜拉桥的独特优势，它得到飞速发展。20 世纪 90 年代初，在我国上海相继建成主跨分别为 423 m、602 m 的南浦大桥和杨浦大桥。

目前，主跨在 400 m 以上的组合梁斜拉桥除上述各桥之外，已知的有印度的胡格利河二桥（主跨 457 m）、英国的达特福德桥（主跨 450 m）及塞文二桥（主跨 456 m）等。从最近各新建桥梁的设计投标竞争情况来看，组合梁斜拉桥工期短、造价低的优势仍非常明显。

1.6.3.2 组合梁斜拉桥的特点

（1）结合梁截面中混凝土板与钢梁的连接

预制混凝土桥面板与钢结构（主梁、横梁及纵梁）的连接主要靠抗剪连接件。抗剪连接件一般采用带头的栓钉，这些抗剪栓钉需事前焊接在钢结构的顶部翼缘板上。预制板的四周或伸出连接钢筋，或在有抗剪栓钉的位置开孔。

在混凝土连接缝的连接细节中，将预制板周边伸出的连接钢筋与钢梁上的抗剪拴钉一起浇筑，已被证明更容易在现场获得较好的浇筑质量。它有较好的通路，便于进行检查、浇筑和振荡，同时能使混凝土流动，确保填注满所有的空隙，对长期可靠的抗剪连接是非常有利的。

这些钢结构与混凝土板之间的抗剪连接通常在桥梁的伸臂架设中承受最大的荷载。此时，由于剪滞影响限制了连接缝附近的桥面板有效宽度，而这个有效截面在早期必须负担在伸臂架设下梁体节段时产生的非常大的局部弯矩。可以看出，简单而可靠的剪切连接可以快速获得强度，并且对有效而快速的架设是至关重要的。

将抗剪栓钉焊在钢梁上会产生焊接疲劳问题，为了使连接处在使用寿命期内获得较多的活载重复次数，应慎重考虑这个问题。另外要考虑的一个影响抗剪连接的因素是，轴力会随时间发生变化，继而在钢梁与混凝土板之间进行重分布。特别是在架设过程中当混凝土板尚未达到全部强度就开始承受轴力时，其结果是受徐变的影响，混凝土桥面板中的轴力流落到钢梁部分，对此应详加验算。这会影响钢与混凝土两种构件中的恒载轴力和桥梁的最终线形。

（2）桥面系的横向构架

对组合梁斜拉桥来说,桥面系的横向构架一般是由相隔约 4.5 m 的钢横梁、主梁及纵梁等组成的水平框架。如果横梁的高度与主梁大致相同，只要将彼此的腹板作简单的连接就可提供足够的刚强度，并且能简化施工。

（3）主梁

组合梁斜拉桥的梁体外形过去都在钢板梁上做文章，有时将钢腹板做成倾斜的形状以适应带倾斜的索面（立体索面），也可采用上下翼尖端指向桥中线的槽形钢梁。这种形式对与预制混凝土板作抗剪连接以及留出空间与斜索作连接都是可取的。

（4）边跨的辅助桥墩

四座组合梁斜拉桥（英国的达特福德桥、塞文二桥，我国上海的南浦大桥、杨浦大桥）在边跨中都增加了辅助桥墩。这种革新的意图是方便上部结构的架设，并可增加边跨乃至主跨的刚度。然而，如果辅助桥墩的造价过高，就会给桥梁的架设费用带来相应的影响，但具体影响还不是十分清楚。另外，辅助桥墩对边跨梁体的活载弯矩会产生很大的影响。一般来说，辅助墩上的活载反力是有正有负的，随之而带来的是梁体的疲劳问题。剪滞效应也会减少该点截面的有效宽度，因此需要在其附近的区域内布置较密的配筋。这个问题要根据辅助墩修建的难易程度进行经济比较后才能下定论。

（5）斜索的锚固

斜索与结合梁的连接形式可为与外伸的牛腿连接或直接与钢梁顶部的上翼缘连接。在结构上将梁体与斜索锚固部分分离，减小了桥面的宽度，改善了桥梁的扭曲刚度，但左右两斜索之间的横梁需另外增加钢料用量，这对密索桥的作用是显著的。另外，在安装斜索时需要专用脚手架平台。

例如，美国休斯敦航道桥选用具有较小偏心的斜索与梁体的连接方式。这种连接方式也减小了桥面宽度，但只会让横梁增加极小的次弯矩。斜索引起的一些纵向剪力可以通过抗剪连接直接传给混凝土桥面板。在安装斜索时需设临时施工平台。再如，安纳西斯桥直接将斜索连接在钢边主梁的上翼缘顶上。这种连接方式虽然也占用部分桥面宽度，但它在结构的受力上是非常有效的，特别是对密索桥，并且在安装斜索时留有充分的工作位置。这种连接要承担疲劳、剪力，以及将很大的拉力传给梁的顶缘，所以在尺寸、材料选择和制造各方面都要很细心。

（6）空气动力问题

一般来说，预应力混凝土斜拉桥不会出现空气动力的涡流振动问题，这是因为它们具有的较高质量和阻尼，可在有限的风速下抑制开始出现的微小振动。质量和阻尼在低风速时也是一个制止桥梁截面发生颤振的有利因素，但是更大的质量在一定程度上会抵消或缓解这种有利因素，因为自振频率的减小只与质量的平方根成反比。颤振的发振风速直接与截面的固有扭振频率成正比。具有双索面的重型大体积混凝土梁的截面在这方面特别不利，因为它们的扭曲惯性矩较大。实际情况是，迄今为止所有的梁式截面混凝土斜拉桥可以满足实有风速小于发振风速的要求，但在实有风速很大的地区需要有截面柔细而近似"平板"的空气动力性能。

组合梁斜拉桥与混凝土斜拉桥相比，其单位长度的质量较小，因而其避免涡振的困难相对来说就要大一些。钢板梁的底部有离散迎来气流的作用，并在下风侧引起涡流。空气动力方面的制振设施，如导风角、导风板、加设底板及阻尼器等有时必须用来帮助钢板梁获得一定的抗风性。由于质量较小，组合梁斜拉桥比相同跨度的混凝土斜拉桥的振动频率要稍高一些。

（7）施工

细节设计完善的组合梁斜拉桥的施工进度可以很快。钢主梁与钢横梁的重量较轻，容易起吊也易于进行工地连接。在钢结构部分作预组拼时在连接板上所钻的螺栓孔，可以自然地保证上部结构的几何线形。钢梁节段就位后就可立即安装并连接永久斜拉索。采用预制的高强度预应力混凝土桥面板可以提供方便的工作平台。沿预制板周边的少量填缝可以用早期强度较高的混凝土来浇筑，以便很快得到抗剪的连接强度，使架设工作接着进行。

架设预应力混凝土斜拉桥的施工步骤不如上述结合梁那样简便，主要是梁体预制节段的自重远比相应的钢结构要重得多，并且每一架设节段就位后必须耽搁相当长的时间来安装预应力筋，并在连接面上涂胶以及用千斤顶张拉预应力筋，以便承受新连接节段的自重。

为了使新的预制节段准确就位和连接，一般需要在桥面上组拼提升吊篮以便将预制节段从下面向上起吊就位。起吊时必须将节段试吊调整到正确的位置后保持不动，一直到连接面的黏结和后张工作开始。

1.6.3.3 组合梁斜拉桥的实例

（1）加拿大安纳西斯桥

加拿大安纳西斯桥（图 1-42）位于加拿大温哥华市近郊的弗雷泽河南支流河口上游约 19 km 处，海船可通过桥下直达上游的安纳西斯和萨里船坞。它不仅是温哥华至加、美两国边界线的新南线直达公路通道，同时也是萨里到温哥华市区通勤线上的一座大型桥梁。

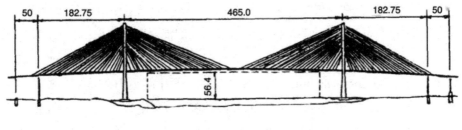

（a）立面

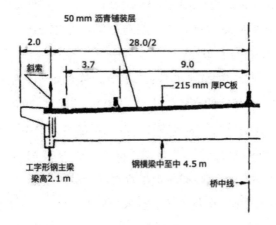

（b）主梁半截面

图 1-42　加拿大安纳西斯桥（单位：m）

斜拉桥的跨度为 50 m＋182.75 m＋465 m＋182.75 m＋50 m，主跨 465 m。斜拉桥的上部采用混凝土桥塔及悬浮的主梁体系，即在塔墩上不设竖向支座。

桥梁规模及技术标准。桥面总宽 32 m。有效宽度：除两侧人行道各宽 2 m外，近期只开通 2×8.7 m 的宽度供 4 车道用，后期连同备用宽度可增加两个轻便铁道或开通 2×12.4 m 供 6 车道用，合计 28.8 m。通航净空：330 m 宽×56.4 m 高。公路活载采用 ASCE 的大跨度桥梁公路设计活载的新规定。风荷载静风力按当地统计资料考虑，年发生率为 0.01。空气动力失稳的最小临界风速要求为 50 m/s。船撞荷载：60 000 吨级船舶在航速 5 m/s 时的撞击力。钢结构的疲劳问题按英国桥梁规范 BS5400 验算。纵横坡度：纵坡 6%，横坡 1.5%。

主梁。全桥主梁采用结合梁体系，由两片纵向的钢主梁与密布的钢横梁及人行道钢伸臂梁等组成的钢结构框架与梁顶上的混凝土桥面板结合而成。钢主梁采用工字形截面，由上下翼板及竖腹板焊接而成，梁高 2.1 m，最大下翼板截面尺寸为 800 mm×80 mm，两片钢主梁的中至中距离为 28 m。钢横梁的高度为 1.6～1.8 m（形成横向有 1.5% 的双向坡度），长度为 27.2 m，横梁间距为4.5 m。人行道钢伸臂梁的长度为 1.6 m。钢梁采用 350AT2 级钢材，屈服强度350 MPa。－20℃时的摆锤冲击强度（韧性）为 27 J。桥面板的厚度为 21.5 cm，混凝土的 56 天强度为 55 MPa。结合梁的总高度为 2.1 m＋0.215 m＝2.315 m，相应的主梁高跨比约为 1/201。

桥塔。本桥的两个主塔为 H 形 RC 结构。塔的总高度为 154.3 m，从桥面至塔顶高约 94.3 m，相应的高跨比约为 1/4.93。两根塔柱的横向中至中距离在下部为 35 m，中部略带倾斜向内收缩，至上部的斜索锚固区段为 28 m。为了减少施工费用，塔顶不设横撑。塔柱的混凝土强度为 35 MPa，主要钢筋强度为400 MPa。塔柱采用矩形空心截面。在斜索每个锚固点处的柱身箱室内设有一对纵向布置的组合槽钢，担负传递斜索水平分力的任务。组合槽钢纵梁坐落在由柱身横壁伸出的牛腿块上，斜索的竖向分力和不平衡水平分力皆由牛腿块传至柱身。槽钢纵梁上有放置千斤顶的位置，可供张拉、调整锚固用。

斜索。本桥斜索的布置为双竖索面、扇形、密索体系。斜索在主梁上的索距为 9 m（2 个横梁间距）。柱身两侧的斜索从上到下均为 24 道，全桥共 192道，每道由单根钢索组成。钢索采用极限强度 1 520 MPa 的 Φ7mm 镀锌钢丝组成，丝数不等。钢索的长度及直径分别为 49.5～237.5 m 和 80～130 mm，重量为 2～24 t。钢索上端锚固在塔柱箱室内的钢纵梁上，下端则直接用对接焊将与锚头连接的受拉构件焊在钢主梁的上翼板上（斜索中线与钢主梁中线吻合），因此要求钢主梁的上翼板在板厚方向要有良好的延性，以抵抗层状撕裂。钢丝索本身带有较长的绞距，故其弹性模量接近平行钢丝索。钢丝索内部的空隙用蜡状石油副产品填充，用以防腐，外包黑色聚乙烯套管，两端采用热铸锚头，套筒内填注锌液。

桥塔的施工。本桥的塔柱采用滑模浇筑混凝土，从而保证表面的光滑和尺寸的精确。

主梁的施工。钢主梁的节段制造长度为 18 m，各节段之间以及钢主梁与钢横梁之间均在架设时采用高强度螺栓连接。预应力混凝土桥面板采用分块方法预制，分块的尺寸为 13.5 m×4.0 m×0.215 m，每块重 35 t。在桥梁的横向有 2 块预制板，它们的长边侧（13.5 m）置于间距为 4.5 m 的钢横梁顶上，一个短边（4.0 m）置于钢主梁上，两块相邻板的另两个短边之间为桥中线处的现浇接缝。钢主梁和钢横梁的顶部焊有抗剪连接件。预制板的四周伸出连接钢筋。当预制板在钢结构上架设妥当后，即可就地浇筑纵横接缝，通过接缝混凝土部位的抗剪连接件及连接钢筋，即可将桥面板连接成整体，并与钢梁连接成为结合梁。主梁的架设从塔墩开始采用平衡伸臂法。两侧各架设 18 m 节段作为一个施工周期，其中包括 4 节 18 m 长的钢主梁、8 根 27.2 m 长的钢横梁、16 块预制桥面板及 8 根斜拉索。每个施工周期为 10 个工作日。这样边架设钢梁与桥面板，边张拉与锚固斜拉索，直到边跨与主跨均合龙为止。

斜索的施工。斜索的上端为张拉锚头，它穿过塔柱的横壁后与山组合槽钢构成的纵梁相连接，并用千斤顶张拉后锚固在钢纵梁上；下端为固定锚头，它在张拉上端之前先与已焊在钢主梁上翼板顶上的受拉构件相连接。

本桥的热铸锚头在施工过程中曾出现过问题，全桥工期也因而拖后。本桥在开通以后，桥面板出现各种裂缝，已引起各国桥梁界的高度重视。本桥在空气动力性能方面，虽然扭振频率与挠振频率的比值只达到 1.6，小于通常要求的 2.0，但由于主梁的宽高比（32/2.565=12.5）较大，故在小于临界风速 50 m/s 时的抗风性能仍保持良好（梁高＝钢主梁高＋桥面板厚＋铺装厚＋横坡增高量＝2.1 m＋0.215 m＋0.05 m＋0.2 m＝2.565 m）。

（2）上海杨浦大桥

上海杨浦大桥（图 1-43）是上海市区继南浦大桥之后第二座黄浦江大桥，因位于杨浦区内连接西岸宁国路与东岸杨高路而被命名为现桥名（原为宁浦大桥）。桥位上游距苏州河口 5.3 km，下游距吴淞口 20.5 km，在南浦大桥的下游约 11 km 处。它与南浦大桥一南一北，分别位于上海市的内环线上，是组成该线的重要环节。

全桥工程总长 8 354 m（包括主桥、引桥、匝道及引道）。桥梁部分的总长 7 404 m，其中主桥的双塔三孔斜拉桥部分的全长为 1 088 m。三孔的跨度为 243 m＋602 m＋243m，边孔 243 m 内各有一个辅助墩，该墩与塔墩、锚墩分别相距 144 m、99 m。本桥主孔跨度 602 m，仅次于法国的诺曼底桥。

本桥的主桥由上海市政工程设计院设计，主要施工单位为上海市基础工程公司、上海市建筑一公司、三公司、沪东造船厂、上海浦江缆索厂等。全桥工程总预算（包括购地及拆迁）约 13 亿元人民币，其中桥梁工程约占 50%，主桥的 3 孔斜拉桥约占 25%，故每延米造价约为 0.25×130 000/1 088＝29.87 万元，折合每平方米桥面的单价为 9 842 元。

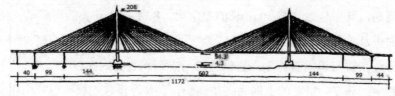

（a）立面（单位：m）

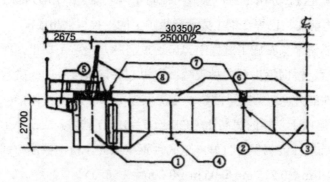

①—钢主梁；②—钢横梁；③—小纵梁；④—行车轨道梁；
⑤—人行道梁；⑥—预制桥面板；⑦—现浇面板；⑧—斜拉索

（b）主梁半截面（单位：mm）

图 1-43　上海杨浦大桥

桥梁规模及技术标准。设计荷载：总体汽—20，局部超—20，挂 120 验算，人群 400 kg/m²。桥面总宽为 30.35 m。有效宽度：车行道约 23 m，双侧人行道各 2 m，共约 27 m。桥下净空：净宽 423 m，净高 50 m（最高通航水位 4.5 m）。桥面坡度：纵向 3.5%，横向 2%（双向）。地震荷载为 7 度，风荷载按上海地区最大风速 32 m/s 设计。设计车速为 60 km/h。

主梁。斜拉桥部分的主梁在纵向呈悬浮体系，塔墩处设有竖向的零号索承拉，辅助墩处设有拉压支座，刚性锚墩处为大位移活动支座。主梁采用两个钢制边箱梁与混凝土板叠合的结合梁体系。钢箱梁的中至中距离为 25 m。梁高 2.7 m，结合梁的高跨比为 1/203，略小于安纳西斯桥。焊接钢箱梁的上下翼板宽度为 2.3 m，最大板厚为 60 mm。两个腹板的中距为 1.5 m，箱室内设置斜拉索下端的锚箱构造。锚箱与双侧腹板采用栓焊连接工艺，由于栓焊共同受力时可能出现分配不明确的问题，设计时可暂定增加 10% 的高强度螺栓作为不定因素的安全储备。

钢箱梁之间沿纵向每隔 4.5 m 设有一道焊接的工字型钢横梁，此外箱梁之外另有人行道钢牛腿梁，箱梁之间设有一根小钢纵梁。各纵横钢梁的顶面焊有抗剪栓钉，其与 26 cm 厚的 C60 号桥面混凝土板连成整体，以起到结合梁的共同受力作用。

桥塔。两岸的塔墩基础深埋于密实的砂土层中，每个塔墩用 170～190 根 Φ900 mm 的钢管桩。桩基承台的尺寸为 32.2 m×47.2 m×5 m。桥塔在横向下部为底下开口的半 V 形结构，上部为倒 Y 形结构，上下部交接处设有一根强大的横梁。整个桥塔的斜柱、直柱与横梁均为 C40 号混凝土箱型截面构件。桥塔的总高度为 204 m，如从桥面标高 56.170 5 m 算到塔顶标高 200.00 m 的高度，则约为 144 m，折合高跨比约为 1/4.18。桥塔最上面的竖直段塔柱用锚拉斜索，塔柱内的锚固细节不再采用南浦大桥的钢锚固梁，而是直接锚固在预应力混凝土柱壁结构上。塔柱箱室内局部设置纵向混凝土竖隔板，使每道斜索的 2 根独立钢索分别位于隔板的两侧，以缓解横向柱壁的受力状态。

斜索。本桥的斜索为空间扇形密索体系。由于斜索上端锚固在位于桥轴中线上的竖直柱段上,而其下端锚固在主梁梁体的双侧边箱梁中,故两个索面不是竖向平行的,而是斜向相交的立体索面。全桥除位于桥塔处的零号索为竖直索之外,其余 1～31 号为斜索。全桥共有 $2×2×2×(1+31)=256$ 道斜索。斜索在主梁上的标准索距为 9 m,边孔的尾部加密区为 4.5 m。每道(号)斜索各有 2 根横向平行排列的独立钢丝索,故全桥共有 $256×2=512$ 根钢丝索。钢丝索由 Φ7 mm 镀锌钢丝组成,两端采用冷铸镦头锚。拉索的防腐体系与南浦大桥相同,除单丝镀锌(由电镀改为热镀)之外,先在扭绞过的整索之外缠包玻璃丝布,然后再用热挤 PE 外套保护,仍由浦江缆索厂制造提供。钢丝索的最大长度约 330 m,最大索力达 750 t。

桥塔的施工。塔柱的混凝土全部采用泵送浇筑。下部的斜柱段从地面组拼钢管脚手架施工。上部的斜柱段在横梁上组拼脚手架施工。上下斜塔柱全部采用斜爬式模板。桥塔最上部的竖直塔柱段利用倒 Y 形交点处设立的临时脚手架施工。为了脱模后的塔柱混凝土表面呈光洁感,采用新开发的"清水模板"。这种模板是多层胶合板的内外表面再加贴一层装饰用的贴面层(如同木制家具的带色贴面)。

主梁的施工。钢箱梁由沪东造船厂在工厂内按 9 m 一个节段(与索距等长)焊制,它比南浦大桥的节段长度 18 m 减少一半,其原因是受吊机能力的限制(仍利用南浦大桥的吊机,只是对其略加改造)。安装架设时相邻节段的钢箱梁以及钢箱梁与钢横梁等之间的连接均采用高强度螺栓。悬臂架设时,每个节段包括 2 根 9 m 长的钢箱梁、2 片钢横梁、2 根小钢纵梁以及相应的人行道钢牛腿梁。钢梁顶上的混凝土标准板块采用预制,其方法大体上与南浦大桥相同,即分块的纵向接缝设在钢箱梁与小钢纵梁上,横向接缝设在钢横梁及钢牛腿梁上。板块提前 5～6 月预制,四周外伸连接钢筋并将侧表面凿毛,顶面开有深约 3 mm 的横向沟纹以与铺装层有良好的结合。板块之间纵横接缝均用 C60 号无收缩混凝土填封。

斜索的施工。所有拉索(包括零号竖直索与 1～31 号斜索)的单根钢丝索均在工厂制造,经预拉合格后缠卷成盘运到桥上展开。先将其下端锚头安装在钢箱梁箱室内的锚箱上，然后将其上端引拉穿入塔柱的孔道中，根据各自的索力值用相应的千斤顶在塔柱箱室内部张拉，并锚固在 PC 构件的柱壁上。

总之，本桥除主塔形状、钢主梁截面与南浦大桥不同之外，其他有关组合梁的结构布置与细节构造基本相似。除此之外，斜索索面由竖直平面改为斜向空间曲面，斜索上下端的锚固细节等也有所不同。采用空间索面有助于在结构上增强主梁的横向刚度。为了增强本桥的横向抗风能力，除了上述采用空间索面，在主梁的上下游侧还安装了三角形导向风嘴。本桥的建成标志着我国斜拉桥的修建技术水平已走在世界前列。

1.6.4 混合梁斜拉桥

1.6.4.1 混合梁斜拉桥的现状

混合梁斜拉桥的构思最早提出于 1963 年，当时德国勒沃库森桥在进行设计方案招标，有人提出了该方案。此方案是 50 m＋280 m＋50 m 三跨斜拉桥，由于边跨与主跨的比值过小，故建议边跨采用混凝土梁，主跨采用钢梁。但当时此方案未被采纳，最终建成的仍是钢斜拉桥，边跨由 50 m 增加为 106.26 m。其后在设计杜伊斯堡-诺伊恩坎普桥时再次有人提出混合梁斜拉桥方案，仍未通过。

1972 年，世界上第一座混合梁斜拉桥在德国建成，即库尔特-舒马赫桥。此桥主跨 287 m，采用钢梁，边跨 146.4 m，采用混凝土梁。边跨内另设有辅助墩。

1979 年，德国人在库尔特-舒马赫桥的基础上又向前推进了一步，在杜塞尔多夫市修建了采用混合梁的弗来埃桥，主跨 368 m，采用钢梁，边跨 13 孔，60 m，共长 780 m，采用混凝土梁。

1980 年，瑞典的焦恩老桥（钢拱桥）毁于撞船事故，新建的是混合梁斜拉桥。20 世纪 80 年代末，日本新建的生口大桥，主孔跨度达 490 m，也是采用混合梁。

2010 年，我国建成了（3×67.5＋72.5＋926＋72.5＋3×67.5）m 的鄂东长江公路混合梁斜拉桥，其主跨 926 m，边跨 275 m，边跨与主跨的比值为 0.297，边跨设置三个辅助墩的双塔半漂浮体系。主跨加劲梁采用分离式双钢箱梁，边跨采用混凝土双箱梁，钢混结合段伸入主跨 12.5 m。边跨混凝土梁采用支架现场混凝土浇筑施工，钢混结合段采用大块件吊装再浇筑混凝土，钢箱梁采用节段悬臂拼装施工。混凝土箱梁、钢箱梁及钢混结合段箱梁外部尺寸协调一致，箱梁横向中心处高 3.8 m，全宽 38 m，梁高与跨径之比为 1∶243.7，梁高与宽度之比为 1∶10。桥面以上塔高 204.82 m，塔高与跨度的比值为 0.22。斜拉索索距 15 m，边跨密索区间距为 7.5 m，全桥共 240 根斜拉索，最长索为 493.6 m。

近些年世界超大跨度的斜拉桥大部分采用混合梁斜拉桥。可以说，混合梁斜拉桥将是世界超大跨径斜拉桥的一个发展方向。

1.6.4.2 混合梁斜拉桥的特点

在早期的稀索斜拉桥中，主梁的抗弯刚度一般较大。而近期密索斜拉桥的主梁抗弯刚度逐渐变小。从将边跨结构作为中跨结构的锚固构件来看，边跨主梁抗弯刚度的减小并没有太多益处，特别是对边跨与主路的比值较小的斜拉桥来说更是如此。加大边跨主梁的重量与刚度，可以减小主跨的内力与变形，并且还可减少或避免在边跨端支点的负反力。这就是混合梁斜拉桥的结构特点。

1.6.4.3 混合梁斜拉桥实例

（1）瑞典焦恩桥

焦恩桥（图 1-44）位于瑞典的西海岸，在哥德堡市北面约 50 km 处。桥位处原有一座 20 世纪 50 年代修建的主跨为 278 m 的钢管拱桥，其于 1980 年 1 月 18 日因撞船事故被毁。老桥被毁后，同年 7 月即开工修建现有的新桥，至

1982 年 9 月全部完工。

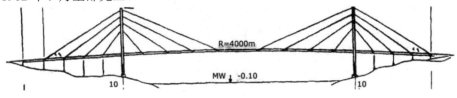

（a）立面

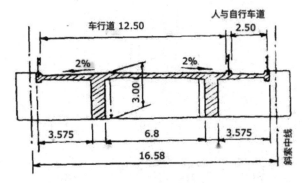

（b）混凝土梁部分

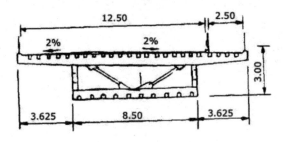

（c）钢梁部分

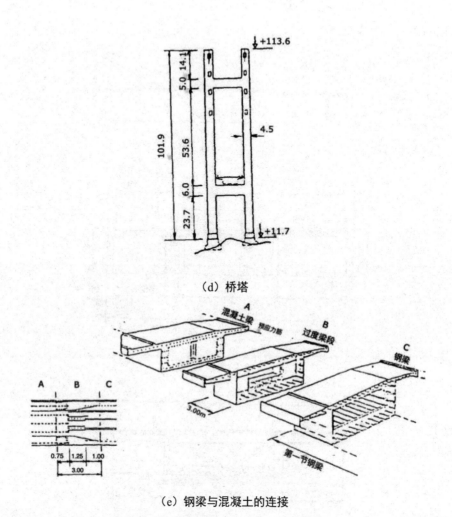

（d）桥塔

（e）钢梁与混凝土的连接

图 1-44　瑞典焦恩桥（单位：m）

　　该桥的桥塔为混凝土，主跨为钢梁，边跨为混凝土梁。桥梁全长 664 m（包括桥台），孔跨布置为 32.6 m＋124.0 m＋366.0 m＋124.0 m，2 个 124 m 的跨内各有 3 个辅助墩。主跨的钢梁伸入两侧边跨各 10 m，与混凝土梁连接，故钢梁的总长为 386 m。边跨各斜索与混凝土梁的锚固点之下的墩台上均设有拉压支座。每个支承钢梁的塔墩上除两个竖向支座之外，在桥轴中线处还设有一个横向支座，另外在钢梁两侧腹板的外伸牛腿上还安装有抵抗上拔力（横向力引起)的预应力锚索,锚索的截面与斜索所用的最大钢索相同,其直径为 108 mm,长度为 6.8 m。

桥梁规模及技术标准。桥面总宽 15.75 m。有效宽度:车行道 10.5 m(正常车道 7 m,重车道 3.5 m),单侧人行车道与自行车道 2.5 m,合计 13 m。非有效宽度:车行道两侧硬路肩各 1.0 m,隔离栏杆基石 0.2 m,两侧栏杆外缘各 0.25 m,合计 2.75 m。纵坡:中间与主跨对称的 400 m 区段设 R＝4 000 m 的竖曲线,两侧为 5% 下坡。横坡双向 2%。通航净高:在温度为 10 ℃,主跨无活载但已有恒载挠度时,通航宽度及高度分别为 110 m、43.2 m。设计风速:水面以上 10 m、25 m、50 m、75 m、100 m 五个高度处的 10 分钟平均风速分别为 39.9 m/s、43.6 m/s、47.2 m/s、49.4 m/s、50.6 m/s,3 分钟平均风速分别为 51.3 m/s、54.2 m/s、56.8 m/s、58.0 m/s、58.9m/s,3 分钟平均风速的风力不与车辆荷载组合。当风荷载与车辆荷载一起考虑时,风力应折减 30%。风力中的 1/3 作为活载考虑。温度荷载:温度变化与构件温差分别计算后再叠加。温度变化:钢结构为 －30 ℃～＋45 ℃,混凝土结构为 －20 ℃～＋25 ℃。构件温差按直线变化分布,钢梁南北方向为 ±15 ℃,混凝土内外壁之间为 ±5 ℃,斜索与梁之间为 ±15 ℃。

主跨钢梁。主跨采用桥面板带有伸臂的焊接矩形钢箱梁。梁高 3 m,相应的高跨比为 1/122。箱宽 8.5 m,桥面板总宽 15.75 m,它与底板均采用正交异性板结构,纵向加劲肋为梯形槽钢。腹板用角钢加劲。钢箱梁内每隔 4 m 有一道横向断面连接系框架,其杆件是 T 形钢。每 3 个框架中有一个框架(间距为 12 m)再用角钢做成斜杆加强,形成桁架式断面连接系。每道斜索在钢箱梁的锚固点处有 2 道横向框架用带有实腹板的横梁来代替,这些横梁延伸到箱外作为斜索的锚固结构用。钢箱梁的型钢采用 510 级钢材,其破断强度与屈服强度分别为 510 MPa、350 MPa。

边跨混凝土梁。边跨混凝土梁采用 Π 形截面,由 2 片宽度为 0.9～1.3 m 的主梁与总宽 15.75 m 及厚度为 0.2～0.34 m 的桥面板组成。在每个墩台处,也就是斜索锚固点处,2 片主梁之间设有宽度为 1.4 m 的横梁。锚块即从此横梁向主梁外侧延伸并与主梁及桥面板浇筑成整体。凸出于主梁外的锚块用 VSL 索施加横向预应力。混凝土梁的梁高与钢梁梁高相同，也是 3.0 m。在与钢梁邻近的一个边跨小孔中，2 片主梁之间增加一块厚度为 0.24 m 的底板，变为与钢箱梁对应的箱梁，以便彼此连接。另外，在各辅助墩柱的两侧各 7.75 m 范围内，2 片主梁之间也增设下翼板连接。混凝土梁采用 K450 号（28 天强度为 45 MPa），主要钢筋为 Ks60 级及 Ks40 级，屈服强度分别为 600 MPa 和 400 MPa。

钢梁与混凝土梁的连接。钢梁两端各向边跨延伸 10 m，其端部通过 3 m 长的过渡节段与混凝土梁相连。过渡节段从正常的钢梁截面逐渐加强，在其端部的 0.75 m 长度内设有带头锚杆并浇筑混凝土填充，混凝土梁中的预应力筋通过此 0.75 m 的区段锚固在钢梁的过渡节段中。连接点处钢梁与混凝土梁之间力的传递即由这些带头锚杆与预应力筋来承担。

桥塔。桥塔为 H 形构架，两根 RC 塔柱的中心相距 20.6 m，截面的尺寸为 4 m×4.5 m（顺桥向×横桥向）。塔柱中的上下通道（电梯或楼梯）使每根塔柱的截面积削减至 12.9 m。从柱底到柱顶的塔架总高为 101.9 m，但从桥面到塔顶的高度约为 69.1 m，塔的相应高跨比约为 1/5.3。

塔柱之间设有上下两根横梁，上横梁高 5 m，宽 4 m，采用箱形截面，由预制的两片腹板及一片底板以及就地浇筑的顶板组成。腹板厚 0.4 m，顶板厚 0.35 m，底板厚 0.15 m。腹板和顶板用 VSL 钢索施加预应力并锚固于塔柱中。下横梁为现浇，高 6 m，宽 4 m，采用倒槽形截面，腹板厚 0.6 m，顶板厚 0.5 m。下横梁中的主筋用套管连接器与塔柱中的钢筋连接。上部结构的钢箱梁支承在每根下横梁的 2 个球面滑动支座上。

每根塔柱上下共有 4 个宽 1.8 m、长 3.2 m 的长方形孔，每个孔内装有一个锚拉斜索用的箱盒，各长方形孔的两侧装有钢板制成的封盖。西岸南柱与东岸北柱中均有可装载重量为 0.5 t 的电梯。无电梯的另外两根塔柱中装有旋转式楼梯。塔柱之间的交通可通过上横梁及下横梁靠岸侧的外部走道实现。每根塔柱的顶部及最下一道斜索的锚固点处都设有航空信号灯光装置。桥塔的混凝土标号为 K500（28 天强度为 50 MPa），塔柱中的大部分钢筋为 Ks40 号，其中竖筋的直径为 25 mm。

斜索。本桥斜索的布置为双索面扇形稀索体系。斜索在边跨与主跨梁上的索距分别为 31 m、40 m，在塔柱上的索距为 10 m。每根塔柱的两侧上下各有 4 道斜索，全桥共有 32 道斜索。每道斜索皆由 2 根钢索组成，2 根钢索的竖向间距（中至中）为 60 cm。钢索采用封闭式卷制钢丝索。钢索的直径分别为 108 mm（最上一道）、88 mm（上面第 2 道）、77 mm（下面两道）。

钢索中的钢丝是经过热涂锌处理的，强度可达 1 600 MPa。每根钢索的上下两端装有圆筒形铸钢热铸锚头。斜索的防腐措施除钢丝热涂锌（用量为 300～450 g/m^2）之外，还采用锌粉涂料作为润滑剂并起防锈作用，钢索外部有总厚度为 450 μm 的聚氨酯系涂层，其中底漆是 200 μm 厚的铬酸盐涂层，面漆是 175 μm 厚的云母氧化铁和 75 μm 厚的专用涂层。所有钢索在桥面以上 2 m 高度范围内均用 8 mm 厚的钢管进行保护。在栏杆高度处，每道斜索均安装有三角形设备，它们是由 3 个汽车吸振器组成，并布置在 2 根钢索与栏杆之间。斜索在塔柱上的锚固是利用焊制钢座架来验证其位置与方向精度的。钢座架置于塔柱的长方形孔内并用 20～28 根 Φ36 mm 的迪维达格钢筋锚固在塔柱混凝土中。每根锚固钢筋的预应力为 300 kN。

桥塔的施工。塔柱用滑模分两个阶段浇筑，第一阶段的高度为 43.3 m，第二阶段为 58.6 m。浇筑时每天的滑升高度为 3.3～3.5 m。在接近下柱脚、横梁及开孔部分时，在混凝土中加入缓凝剂，以降低滑升速度。混凝土用吊机运送到浇筑点，吊机与每个桥塔的一根塔柱的滑模附连。为了减少水化热影响，塔柱的实体部分用 6 根 Φ200 mm 的管道来冷却，冷风不断从管道底部吹入并从顶部吹出。另外，在混凝土中加入硅粉以减少 20%的水泥用量。硅粉使温度的升高值低于减少水泥量所取得的温度降低值，估计两者相抵还可降温约 5 ℃。塔柱下部浇筑好之后，桥塔的下横梁在一个桥式脚手架上浇筑。上横梁的箱壁腹板先在下横梁上预制，然后吊升就位并固定在塔柱上，最后进行底板及现浇顶板的施工。

边跨混凝土梁的施工。边跨的每孔设一个临时中间支点，然后利用桁架式脚手架对混凝土梁体进行施工。浇筑工作分阶段进行,在每一个施工阶段中再分三个部位单独浇筑,分别是主梁、横梁以及桥面板。为了使钢梁的架设能尽早开始,边跨混凝土梁的施工从桥塔一端开始向桥台方向进行。在主跨进行钢梁架设时,为了保证边跨混凝土梁的安全,需要用若干临时斜拉缆索将混凝土梁与地面锚连。

主跨钢梁的施工。将 386 m 长的钢梁分为 19 个 20 m 长的节段和 2 个 3 m 长的过渡节段来进行制造。架设工作分别从 2 个桥塔向主孔跨中对称进行。先将 3 m 长的过渡节段置于脚手架上,与边跨混凝土梁连接好,然后利用边跨桥面轨道上的吊机提吊 95～130 t 重的钢梁节段。钢梁节段由驳船运送到桥下起吊位置,各节段起吊就位后先临时与邻接节段相连,待调整后再作正式连接。附连在每相隔一个节段上的斜索要依次及时引挂及张拉。

斜索的施工。利用塔柱顶上的吊机先将斜索锚固结构安装到塔柱内。每道斜索的 2 根钢索在桥面上用汽车吊机展开,将其上端吊起置于塔柱中的锚固结构上,下端用绞车拉到梁体上的锚固点附近,然后将拉杆连接在锚头上,用千斤顶引拉就位并锚固。在斜索上涂涂料,包括底漆与面漆,通过桥面上的升空机和能在斜索上“行走”的小车进行施工。

总之,本桥为世界上第三座混合型斜拉桥。由于要尽早代替已使用 20 余年之久的被船撞毁的老桥,本桥的设计时间较短,施工节奏较快。从 1980 年 1 月老桥被毁到 1982 年新桥全部建成,共 32 个月的时间,其中用于设计及招标的时间约为 5 个月,用于制造及施工的时间约为 27 个月。

（2）法国诺曼底桥

法国诺曼底桥（图 1-45）全长 2 141 m,南北引桥长度分别为 547.75 m、737.50 m,跨越塞纳河的主孔跨度为 856 m。诺曼底桥两岸引桥由众多的桥墩支承,除桥台附近有两个（南岸）或一个（北岸）较小跨径以及桥塔附近有一个 96.00 m 的跨径之外,其余皆为标准跨径（43.50 m）。两岸引桥的（即边跨）混凝土梁各向主跨内延伸 116 m,故主跨中央部分的钢梁长度减少为 624 m。

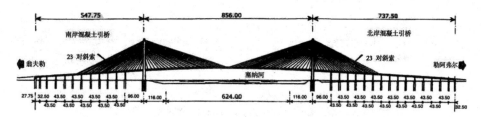

图 1-45 诺曼底桥桥式立面（单位：m）

梁体与桥塔固结形成刚构，故产生较大的温度应力，但它与风应力相比仍是较小的。该桥的设计使恒载有较好的平衡性，以方便架设与减小风的影响。

引桥混凝土梁自重（45 t/m，包括设备）与主跨钢梁自重（13 t/m）之间有显著差别，这要求引桥有众多的桥墩。引桥部分的梁重通过主跨内 116 m 的混凝土伸臂来平衡。

在每个桥塔附近的最后一个引桥桥墩上会出现负反力。因此，在该桥墩上必须将梁体用 4 根竖向预应力索（每索由 19 根 Φ15 mm 钢绞线组成）锚拉到桥墩深处，使梁体在墩顶上可以自由纵向活动。

引桥内的众多中间墩分受所有背索（边跨内的斜索）的后拉力，使后拉作用非常强，这样可以大大减少塔的变位，并可加大斜索分布在塔柱上的竖向锚固间距；在交通荷载或风荷载作用下的主跨梁体变形也可因此减小；斜索中的应力变化幅度与疲劳也随之减小。此外，塔梁固结可以减少风荷载产生的主跨梁体水平变位。引桥各墩上的支座布置也出于同样的目的，即每墩上的两个聚四氟乙烯支座在桥梁纵向均能活动，而其中的一个在横向是固定的。这样，各中间桥墩也承受横向水平风力。

梁体横截面如图 1-46 所示。梁体横截面的设计一是要减小风荷载对桥梁的影响，二是要有较高的抗扭刚度，但其形状要同时能适用于钢结构与混凝土结构。为了减小风的影响，梁的截面必须制成流线型。为了增加抗扭刚度，应选择箱形截面与横向带倾斜的斜索（立体索面）。

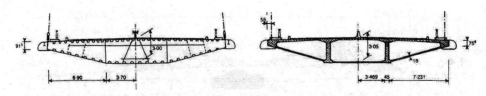

图 1-46　引桥混凝土梁与主跨钢梁的标准截面（单位：m）

梁体的截面形状由以下一些因素决定：①两侧布置斜索的锚固点；②在混凝土梁体内需要有 2 个竖腹板。根据 ONERA（一个著名的风与空气动力研究单位）的测算，为了减小涡流，梁高上限为 3.00 m，此高度对引桥混凝土梁的施工来说乃是最小值。出于同样的原因，对箱梁的底板宽度也进行了一定的限制，以使两侧的斜底板有较平的倾斜度。混凝土梁实际高 3.05 m，大于钢梁梁高 3.00 m，是因为要考虑使连接点处的下翼缘重心线尽量吻合。

混凝土箱梁的斜索锚固构造。斜索锚固部分位于混凝土箱梁的两侧连接点处。箱梁连接点之下设有锚块，这样在安装锚头垫板时不会在局部削弱混凝土梁的截面。另外，在锚固部分外侧的一个小小的箱梁延伸块用于设置横向预应力筋的锚头，这样也不会削弱混凝土截面。这些横向预应力筋是对斜索锚固点处的主横梁施加预应力用的，并将索力传递到箱梁（图 1-47）。

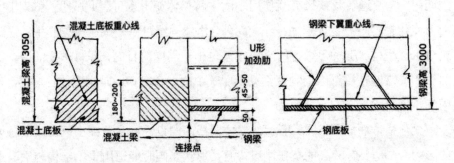

图 1-47　混凝土梁与钢梁连接点处下翼重心线示意图（单位：mm）

钢箱梁的斜索锚固构造如图 1-48 所示。钢箱梁上的斜索锚固构造更为简单：箱梁两侧竖腹板的局部厚度由 30 mm 增加到 75 mm 或 85 mm，并向上延伸，且开有供插销铰的圆孔。然后，将每根斜索的锚头通过一个开口锚箱，用插入该圆孔的销铰连接起来。

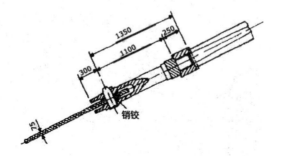

（a）截面 A·A

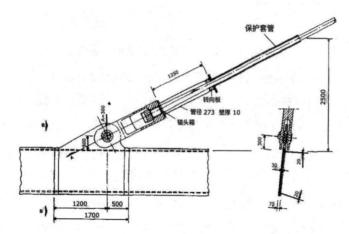

（b）截面 B·B

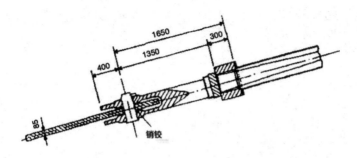

（c）截面 C·C

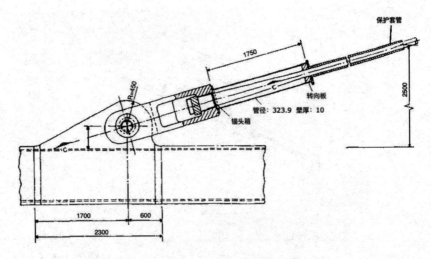

（d）（51 根及 44 根 T15）索的锚固构造

图 1-48　斜索在钢梁上的锚固构造（单位：mm）

钢箱梁。钢箱梁是正交异性结构，它由面板（顶板、底板、斜底板及竖腹板）围封而成，箱内设有槽形纵肋和相隔距离为 3.93 m 的横隔板。与斜索连接的侧腹板有足够的厚度（30 mm），故不需加劲肋。其他顶底、底板、斜底板等都用槽形纵肋加劲。行车道中部和两侧的顶板厚度与纵向肋不一样，中部的顶板厚 12 mm，纵向加劲肋的壁厚为 7 mm（T4 型），两侧的顶板厚度增加到 14 mm、纵向加劲肋的壁厚增加到 8 mm（T1 型）。T1 型和 T4 型纵向加劲肋的中心距均为 600 mm，肋高均为 250 mm。钢箱梁的半截面和透视图分别如图 1-49 和图 1-50 所示。

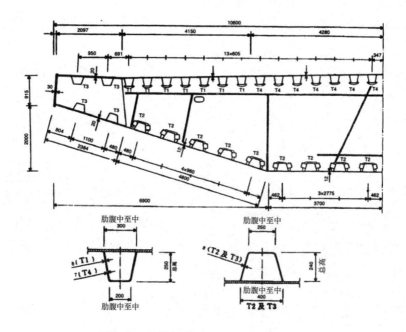

图 1-49　钢箱梁的半截面（单位：mm）

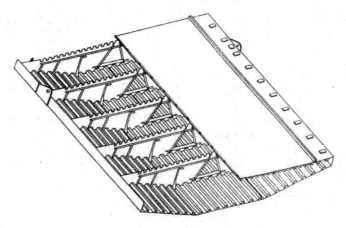

图 1-50　钢箱梁的透视图

底板与斜底板的厚度均为 12 mm，采用 T2 型纵肋加劲，肋高 240 mm，肋壁厚 8 mm，肋中心距为 100 cm。针对这个 100 cm 的中心距来说，在应力分布计算中，中心距内的板宽只有部分有效，纵肋本身的稳定计算也只考虑有效板宽。本桥对钢箱梁南北两端的与混凝土箱梁连接的一个钢箱梁节段作了一些必要的修改。

　　桥塔的形状与主要尺寸如图 1-51 所示。桥塔在横向呈倒 Y 形。选择这个塔型是为了减少二次应力的影响与增加结构的抗风能力。倒 Y 形桥塔可以降低塔顶独柱段的高度，并由此减少横向风力对桥塔的影响（独柱的横向风力弯矩只算到独柱段的底部，然后由下面的三角形构架承受）。三角形构架的中部，在桥面梁体与桥塔固结部分设有一根横梁（图 1-51），此三角形构架可以有效地抵抗来自斜索或梁体的横向风力。这种桥塔形状还对桥梁的抗扭刚度有好处。斜索与塔柱相交于桥轴中线上，它比 H 形桥塔在减少扭曲变形方面更有效，因为后者的 2 根竖塔柱几乎是独立工作的（即两根塔柱在纵向可以有相反方向的变位，从而加大梁体的扭曲变形）。

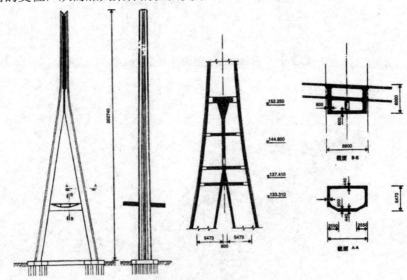

图 1-51　桥塔的形状与尺寸（单位：mm）

　　斜索。斜索由弗雷西奈公司提供。它们是由直径为 15 mm 的钢绞线平行布置而成的，每根钢绞线有单独的防腐体系。钢丝经过热涂锌与重复张拉，在经过扭绞和热处理后，钢丝之间的空隙用油蜡填注。然后每根钢绞线再用挤压的高密度聚乙烯保护，层厚至少 1.5 mm。为了减少斜索对风的阻力，斜索的截面近似于圆形，并在其外面用高密度聚乙烯套管保护。此套管由 2 个半圆组成，在斜索架设并张拉之后安装。按照所在位置，每根斜索基本上由 30～44 根或 51 根 Φ15 mm 钢绞线组成。为了减小施工过程中的应力，组成斜索的钢绞线数量略有变化，某些斜索从原有 30 根钢绞线增为 31 根，另一些从 51 根增加为 53 根。

塔柱上的斜索锚固细节。塔柱上斜索锚固区段的高度约为 60 m，该区段内有钢制构件（锚箱）与混凝土柱身连接在一起，斜索即锚固于该钢制锚箱上。这种钢与混凝土的结合是单竖索与双竖索面桥锚固斜索的典型方法，其实例有比利时的本艾因桥、万达桥，希腊的埃弗里布斯桥等。斜索直接锚固在一对斜向的横板（梁）上，后者则焊接在 2 块竖向主钢板上，竖向主钢板的平面方向与桥梁的纵向一致。上述的焊接构件与塔柱混凝土之间采用适宜的连接件结合在一起。塔柱两侧斜索的水平分力通过竖向主钢板互相平衡，竖直分力则通过主钢板与连接件传递给混凝土柱身。上述焊接钢构件中的多层斜向（与斜索的倾斜度相适应）横板（梁）一般被称为"百叶窗片"。

在诺曼底桥中采用上述方法来锚固斜索更为复杂，因为斜索在横向也有坡度，并且桥面左右 2 根斜索要成对地锚固在同一标高处。此问题最后经研究得到解决，仍采用 2 块竖立的纵向主钢板与上下各层的斜向"百叶窗片"进行锚固。每层"百叶窗片"的斜度配合各对斜索的纵向斜度而定；但对斜索横向坡度则采用 2 个横向倾斜的钢管来锚固。

最后在上述 2 块竖立的纵向主钢板的两侧再用另外 2 块竖立的横向钢板（附带有横向 T 形加劲肋）与之焊成一个整体的锚箱。在每块"百叶窗片"的下面还焊上与之垂直的翼板，使它由"板"变为"梁"，从而能抵抗斜索拉力产生的弯矩与剪力。

开始的 2 对斜索（H1 及 H2）直接锚固在支承钢锚箱的混凝土板上，接着的 2 对斜索（H3 及 H4）锚固在特制的钢构件上，其他的斜索（H5～H23）成对地一一锚固在标准的钢制锚固梁（百叶窗片＋翼板）上，上下之间的竖距为 2.70 m。为了减少钢锚箱的重量与方便操作，2 块纵向主钢板不是实腹，而是在中部开设一个个长方形孔，使各孔之间的拉板恰可传递两侧斜索的水平分力。实际的分力及拉板与桥面平行，成 6% 的倾角。

钢锚箱的实际施工方法为：将 2.70 m 高的各节段的纵向与横向钢板，以及 1.50 m 高的各块拉板逐件吊起，并用 8 mm 厚的各层焊道组成焊缝来焊接。

钢锚箱位于塔柱的中间，其两旁的混凝土截面各由 2 个宽阔的结点与钢锚箱连接，两个结点之间有侧壁相连。混凝土的截面尺寸随高度变化，但它是连续的并且完全没有特殊构件。所有由锚固体系几何尺寸引起的问题全部集中在工厂预制钢构件的过程中解决，以简化现场的架设工作。

钢锚箱与混凝土之间通过一系列的三角形钢键来连接，这些钢键是由焊在纵向竖钢板上的短竖板来充任的。在混凝土结点的中部，每对斜索锚固点的每个结点处各有两个三角形钢键，竖直分布于两块连续的短竖板之间。

用水平预应力筋来加强这些连接键的连接能力。预应力筋使混凝土与钢锚箱之间产生压力。预应力筋呈 U 形，它们锚固在塔柱混凝土截面的侧壁上，并通过钢锚箱。每层斜索的锚固点有 2 对预应力筋，每根预应力筋由 7 根 Φ15 mm 钢绞线组成。每对组成一圈环状力筋，产生的压力约 4.5 kN。

在预应力筋通过锚箱的地方设置有横 T 形截面的钢横梁（焊在横向竖钢板上的横肋），用以承受由预应力筋产生的压力并避免过大的变形。在三角形钢键的两侧还分布有 Φ16 mm 的尼尔森型焊钉，光靠这些焊钉就可传递大部分的竖直力（剪力）。

施工步骤。桥梁的设计还要考虑架设，特别是跨度如此大的桥。本桥的架设共采用 3 种方法。第一种，引桥的混凝土梁从两岸桥台顶推，一直顶推到桥塔附近最后的一个桥墩，并再顶出 6 m，使顶出端与桥塔之间的距离为 90 m。第二种，在顶推引桥梁体的同时修建桥塔。在桥塔接近完成时开始用平衡伸臂法以及移动挂篮就地浇筑节段混凝土，同时对引桥空缺的 90 m 梁段及主跨内与它对称的混凝土梁段进行施工。首先在最后一个引桥桥墩附近 6 m 处（顶推部分的梁端）将引桥合龙，然后在主跨单向伸臂继续施工到离桥塔 116 m 处（混凝土梁与钢梁的连接点）。第三种，用单向伸臂法对主跨的钢梁进行施工，每次伸出一个节段，长 19.65 m。从两个方向同时单向伸臂向跨中推进，直到最终在跨中合龙。

上述施工方法特别有利于施工的安全。在架设主跨的钢梁时，两侧的长伸臂已经与桥塔固结好，并且两岸的引桥已经合龙。这样，钢梁的伸臂施工就不会有什么问题。

顶推支点（图 1-52）与顶推顺序（图 1-53）。由于桥面梁体带有 6%的坡度，故引桥的顶推工作不是很简单。承包商想出一个非常巧妙的方法，在所有桥墩上设置顶面附带 6%坡度的槽型顶推支座。集中控制的桥台处的水平千斤顶每次使所有的顶推支座水平向前移动约 15 cm。原计划在各桥墩与顶推支座之间设置不锈钢板与聚四氟乙烯滑垫板，但它们最后被改换为小辊轴的减摩活动装置。在进行 15 m 的纵向移动之后，由集中控制的竖向千斤顶同时将梁体顶起并高出竖向支点约 9 mm，然后由水平弹簧将顶推支座向后送回到原来的位置，并松开竖向千斤顶使梁体再次落到顶推支座上，准备进行新一轮顶推作业。

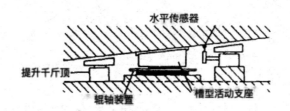

图 1-52 顶推支点的组成

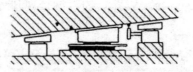

（a）每次顶推终止时的活动顶推支座与提升千斤顶的位置

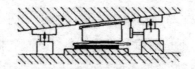

（b）千斤顶将梁体顶高约 9 mm

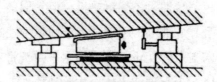

（c）顶推支座回到原来的位置

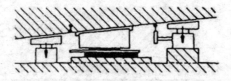

（d）落下提升千斤顶，使梁体再次支承在顶推支座上

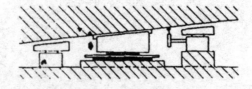

（e）梁体向前顶出约 15 cm

图 1-53　引桥顶推顺序

引桥的架设每次顶推一个 7.25 m 的预制节段。每个新的节段均在离桥台不远处的场地上预制。每次顶推时要先张拉新的预应力筋，然后顶出 7.25 m。引桥的每个标准跨径为 43.5 m，共分为 6 个 7.25 m 的节段，即 1 个墩顶节段、2 个纠偏节段（调整节段）及 3 个标准节段。预应力工艺体系如下所述。

除墩顶节段之外，每个节段要接受 6 索预应力筋，每索由 7 根 Φ15 mm 的钢绞线组成。这 6 索预应力筋分布在混凝土梁体截面的 6 个结点内。这些预应力筋的长度为一个标准跨长，所以每个结点最后要接受 5 索预应力筋。当一个跨度完成之后，相当于永久体外索的一半（每个中间腹板 2 索）将在箱梁的中间箱室内张拉。从一端的墩顶节段到另一端的墩顶节段。这些体外索每索由 27 根 Φ15 mm 的钢绞线组成，它们将在每个标准跨径内的 2 个转向横梁处作弯曲转向。除此之外，要安装和张拉数量为永久体外索一半的临时体外缓和索（形状与永久体外索相反的平衡索），以便在顶推时可以产生均匀的压力。在结束顶推过程后，这些缓和索即可逐根拆除，并再将它们作为另一半永久体外索来使用，其上下弯曲的布置形状与前一半相同。

混凝土梁段的伸臂施工。主跨混凝土梁段与引桥路相应混凝土梁段的伸臂施工看起来很简单，但实际上由于梁高的限制，施工非常困难。因为每次伸出的节段长度只有 2.60 m，而索间距是 16 m，所以不可能每伸出一段即安装和张拉永久斜索。因此，必须设立临时的斜拉索体系，对每个 2.60 m 长的新节段都要临时设置一对新的斜拉索。施工顺序因而很复杂，在某些规定的步骤中要拆除临时斜索，然后逐步张拉永久斜索。为了避免空间位置的冲突，临时斜索要锚固在箱梁的 2 个中间腹板处，但是即使是在两侧已经安装好的永久斜索的中间拆除或更换临时斜索，仍会有一定的困难。

主跨钢梁的架设。主跨钢梁的架设是标准化的，它的节段伸臂长度之大也是罕见的。每个新的节段用驳船运到桥下，然后用伸臂端的移动吊机将它提升，并与已架节段相连接。连接的方法为将新节段在吊机起吊状态下与老节段焊接。与此同时，引桥侧安装并张拉一对后斜索，以便将新节段的重量向后传递，后斜索的张拉是针对钢绞线逐根进行的。一旦焊接工作进行到可以受力时，立刻安装并张拉与新节段连接的一对前斜索，同样也是逐根钢绞线分别张拉。在一定的条件下，合龙时需要有一些特殊的措施，以免跨中在增加二期恒载（包括附属设备）后产生轴向力。具体架设顺序如图 1-54 所示。

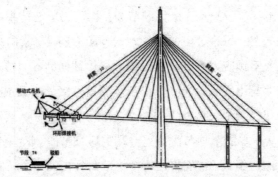

（a）将节段 T4 运到桥下，将环形焊接机与吊机向前移动

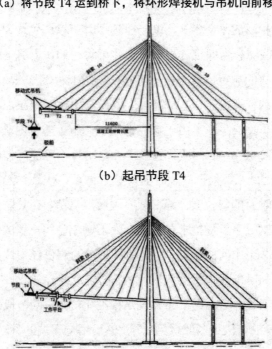

（b）起吊节段 T4

（c）安装与调整节段 T4，将工作平台向前移动，
在 T4 与伸臂之间进行焊接并控制焊接质量，安装及张拉 11 号后斜索

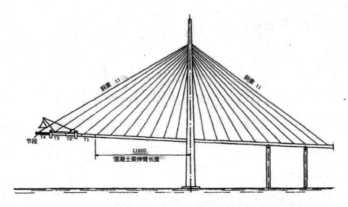

（d）在主跨侧安装 11 号前斜索，吊机对 T4 松吊，
张拉 11 号前斜索，控制线形

图 1-54　主跨钢梁节段的标准架设顺序（单位：mm）

　　针对风力的影响，相关研究者曾经建议采用各种方法来减少主跨钢梁架设过程中的风致振动。最后采用丹麦 Cowi 咨询顾问公司设计的 TMD（调质阻尼器），每个伸臂设置一台。这种阻尼器特别有助于减少水平振动变位，它将随伸臂的进展而向前移动位置。每台重量 50 t，其可动质量为 40 t。

　　与其他方法相比，TMD 有以下两个优点。第一，此装置只在钢梁上工作，不会影响航道。第二，此装置可在各种风荷载条件下工作，因此也可减少低风速时的振动，这可增加施工的舒适度，特别是提升作业与焊接作业的舒适度。

　　减振绳索。将全桥结构的振动周期（假设斜索是弹性的非振动杆）与各斜索本身的振动周期（假设两端锚固在刚体上）做比较时，说明可能会有问题，主要是在索面内的振动，为了避免产生振动问题，设想用几根减振绳索来连接每个索面的各根斜索。做一个非常简单的分析，每个索面选用 4 根减振绳索。如果这些减振绳索能牢固连接的话，它们将使斜索的振动周期减少为 1/5。假设最大风压为 3 kN/m²，对用减振绳索连接后的各斜索因风压产生的拉力可以用一些粗略的假设来计算，然后根据斜索中的拉力可以算出减振绳索的拉力与所需截面，结果得到减振绳索所需的最小安装拉力为 150 kN（最长一根为 200 kN），绳索截面为 4 根 Φ15 mm 的钢绞线。

上述的初步计算已被精密计算验证，后者考虑二次影响与大位移影响（主要在斜索中）。已经可以肯定，有 5 种最不利交通荷载与桥梁的因紊流风引起的竖向振动，均不会使减振绳索发生减载（因松缓而使原有安装拉力减小）或超载。更精密的动力计算（它在后来又被 Cowi 公司的计算证实）得出的结论是：桥梁的总体竖向振动周期为 1.25 s；斜索本身的竖向振动周期在无减振绳索时约为 4.00 s，装有强有力的减振绳索时约为 0.80 s，故减振绳索起的作用是将周期减少为 1/5。

对由于桥面梁体水平位移激起的斜索面外振动，上述的减振绳索实际上是没有效果的。减振绳索只能约束所有斜索一起振动而不是单根独立振动。比较一起振动与单根振动的周期后人们了解到，面外振动的问题不如面内振动的问题严重，既有桥梁的实际经验也证明这个观点是对的。然而，为了降低面外振动的危险性，在桥面上斜索锚固点附近仍设置由 Cowi 公司设计的减振器。如果今后桥梁的实际情况证明斜索仍有面外振动，仍可采用一些三角形的减振绳索将两侧的斜索面连接起来。虽然这种做法不合乎美学上的要求，但在减振器不能解决问题的条件下，它被认为是最有效的一种解决方法。

另一问题是怎样在减振绳索中施加拉力。有关人士和 Cowi 公司想出了一个好办法，那就是减振绳索要在全桥完成后再安装。先与每个索面的长斜索连接，然后稍加拉力拉直；接着将绳索夹连在长索下面的 2 根斜索上，并对绳索施加一半的拉力；之后再将绳索与另外 2 根斜索夹连，如果可能的话，此时即可对绳索施加全部的拉力；最终再与所有其他的斜索连接。

在施工过程中，斜索振动问题一度未能解决。Cowi 等公司提出用麻绳来作临时的减振绳索以增加阻尼。对每次新架设的一根斜索用 2 根新的独立减振绳索来连接。事实上，这种方法早已成功地被用于日本的呼子大桥。诺曼底桥的设计时间要比原计划时间长得多，全桥施工于 1994 年完成。

1.7 本书的主要研究内容及意义

本书选取工程实例，先用 MIDAS 建立有限元模型，计算斜拉索的索力及应力幅，找出受力最不利的锚箱所在索的位置。然后用 ANSYS 建立锚固区的模型，分析结构在静载情况下的应力分布情况，以便对索梁锚固区局部的传力机理及受力合理性进行分析。最后，应用 ANSYS/FE-SAFE 软件研究索梁锚固区在应力幅作用下的疲劳可靠性，旨在对锚固结构的受力及其疲劳性能有一个理论上的认识，进而对锚固结构的试验起到理论上的指导作用。

针对具体工程案例，利用大型通用有限元分析软件 MIDAS 建立的全桥整体有限元模型，进行成桥荷载下的静力分析。通过分析总结斜拉索索力及索力幅值的变化规律，确定全桥受力最不利的锚固结构，并以此为对象进行研究。

利用有限元分析软件 ANSYS 建立受力最不利的锚固结构所在梁段的有限元模型，对锚箱结构进行三种工况（最大设计索力、1.4 倍最大设计索力、1.7 倍最大设计索力）下的应力计算分析。研究分析锚箱各板件的应力分布及应力集中情况，了解锚箱静承载能力。

通过 ANSYS/FE-SAFE 软件研究在等效疲劳车作用下锚箱结构的对数疲劳寿命与疲劳安全系数云图。了解各板件的疲劳寿命情况，找出锚固结构中疲劳抗力最薄弱的地方，对桥梁日常安全监控与检测工作能起到一定的指导作用。

借助 APDL 参数化语言，对锚箱结构的板厚与构造进行参数分析，了解板件厚度与构造对锚箱结构受力情况的影响，总结出参数及构造变化对锚箱受力的影响规律，对设计结构合理又经济的锚箱能起一定的参考作用。

第 2 章　斜拉桥布置及结构体系

随着我国经济快速发展，在大跨径桥梁建设中，斜拉桥凭借着自身的诸多优势得到广泛应用。特别是在千米级大跨径的桥梁建设中，斜拉桥的优势更加明显，往往成为代替悬索桥的首选方案。

2.1　孔跨布置

双塔三跨式与单塔双跨式是现代斜拉桥最典型的孔跨布置形式。无论采用双塔三跨式还是单塔双跨式，在边跨内如有需要都可以设置辅助用的中间墩。在特殊情况下，斜拉桥也可以布置成其他形式，如单塔单跨式、双塔单跨式或多塔多跨式，甚至是混合式。

2.1.1 双塔三跨式

双塔三跨式（图 2-1）是最常见的斜拉桥孔跨布置形式，其主孔跨径较大，一般适用于跨越较大的河流、河口及海面。在跨越河流时，可以用主孔一跨跨越，将两个桥塔设在岸边，两个边跨设在岸上；也可以将两个桥塔设在河中，用三孔来跨越整个河道或主航道。以我国的桥梁来说，前者有上海的南浦大桥、杨浦大桥，郧阳汉江桥等，后者有东北长兴岛大桥、武汉长江大桥、铜陵长江大桥等。

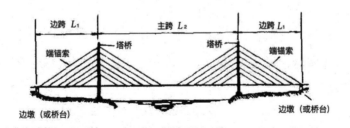

图 2-1　双塔三跨式

双塔三跨式斜拉桥可以布置成两个边跨跨径相等的对称形式，也可以布置成两个边跨跨径不等的非对称形式（图 2-2）。

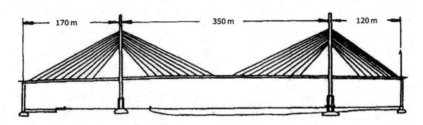

图 2-2　双塔三跨非对称式（以日本天保山大桥为例）

双塔三跨式斜拉桥的两个边跨中可以根据地形、地质、水文等条件与结构受力的需要，布置或多或少的中间辅助墩。法国诺曼底桥的边跨内密布有中间辅助墩。图 2-3 所示为边跨内靠近边墩处布置少量（一端一个，另一端两个）中间辅助墩的日本多多罗大桥。

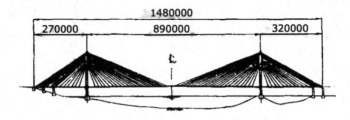

图 2-3　多多罗大桥的中间辅助墩（单位：mm）

双塔三跨式斜拉桥的主跨跨径 L_2 与边跨跨径 L_1 的比例关系，根据国内外斜拉桥的统计资料为：

钢斜拉桥：（L_2/L_1）＝2.2～2.5

各类斜拉桥：（L_2/L_1）＝2.0～3.0

但该比值多数接近 2.5，表 2-1 对国内 15 座双塔三跨式斜拉桥的统计资料显示，该比值大致为 2.0～2.5。

表 2-1　国内双塔三跨式斜拉桥的跨径比例

桥名	主跨 L_2（m）	边跨 L_1（m）	跨径比 L_2/L_1	边跨内有无中间辅助墩
上海杨浦大桥	602	243	2.48	有
上海南浦大桥	423	171	2.47	有
武汉长江大桥	400	180	2.22	无
东营胜利黄河大桥	288	136.5	2.11	无
天津永和桥	260	99.85	2.60	无
犍为岷江大桥	240	118	2.03	有
蚌埠淮河大桥	224	114	1.96	有
济南黄河大桥	220	94	2.34	无
长沙湘江北桥	210	105	2.00	无
上海泖港大桥	200	85	2.35	无
辽宁长兴岛大桥	176	83.2	2.16	无
广州海印大桥	175	83.5	2.05	无
三台涪江桥	128	56	2.29	无
红水河铁路桥	96	48	2.00	无
三原清河桥	88.8	39	2.28	无

在双塔三跨式斜拉桥中，当主跨作用有活载时端锚索中产生正轴力（拉力），边跨作用有活载时端锚索中又产生负轴力（拉力松减），由此产生疲劳问题。Fritz Leonhardt 和 Niels J. Gimsing 等教授曾用简单模型来探讨，得出的结果是：L_2 与 L_1 的比值要大于 2，才能将端锚索的应力变幅控制在一定的范围内。因此，图 2-4（a）中的边跨 L_1 应减小为图 2-4（b）中的 L'_1，也就是将边

跨端支点（边墩）稍向桥塔方向挪动，使 $L'_1 < L_1$，并将主梁与引桥的上部结构做成连续梁来改变受力情况。这样既可以减少端锚索的应力集中，又能缓和端支点的负反力问题，丹麦的法罗大桥、加拿大的安纳西斯桥，以及我国的武汉长江大桥、天津永和桥、济南黄河大桥等皆采用此法，但此法因与前后引桥相连接，地震时将增大水平惯性力，在地震区应慎重使用。如在图 2-4（a）的边跨内增设一些中间辅助支点，也可减少端锚索的应力集中现象或减少边跨主梁的弯矩，并能增大桥梁的总体刚度。

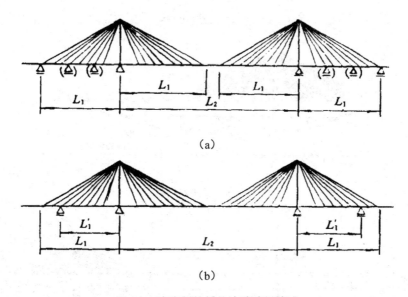

图 2-4　密索斜拉桥的边跨跨径缩减

2.1.2 单塔双跨式

单塔双跨式（图 2-5）也是一种常见的斜拉桥孔跨布置方式，其主孔跨径一般比双塔三跨式的主孔跨径小，故适用于跨越中小河流、谷地及交通道路，当然也可用于跨越较大河流的主航道部分。采用单塔双跨式时，可以用两跨跨越河流，将桥塔设在河道中；也可以用主跨跨越河流，将桥塔及边跨设在河流的一岸。以我国的桥梁来说，前者的应用有重庆市嘉陵江上的石门桥（图2-6），后者的应用有广东南海的西樵大桥（图2-7）。

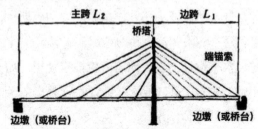

图 2-5　单塔双跨式

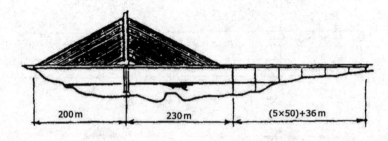

图 2-6　重庆石门桥

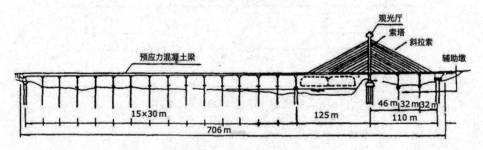

图 2-7　广东西樵大桥

　　单塔双跨式斜拉桥可以布置成两跨不对称的形式，即分为主跨与边跨；也可以布置成两跨对称，即等跨形式。其中以两跨不对称的形式较多，也较合理。两等跨形式由于一般没有端锚索，不能有效地约束塔顶位移，故在受力与变形方面不能充分发挥斜拉桥的优势。如果用加大桥塔刚度的方法来减小塔顶变位，如图2-8所示的德国路德维希港桥那样，则会非常不经济。因为对减小塔顶变位来说,加大桥塔刚度不如增设端锚索有效。两跨不对称的桥式比比皆是,如上述的石门桥及西樵大桥等;对称的桥式有广东南海的九江大桥(图 2-9)。

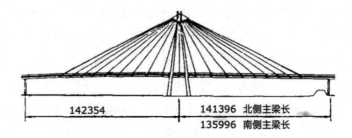

图 2-8　德国路德维希港桥的刚性塔(单位:mm)

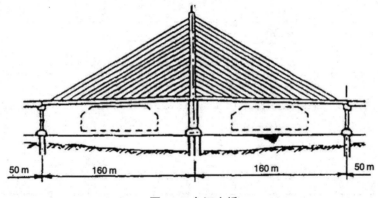

图 2-9　九江大桥

在单塔双跨式斜拉桥的边跨内同样也可以根据地形、地质等条件及结构受力需要,布置或多或少的中间辅助墩。德国杜塞尔多夫市莱茵河上桥梁群中的克尼桥(图 2-10)就是在岸上边跨内布置有较多中间辅助墩的一个实例。

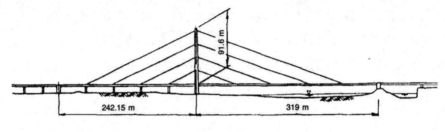

图 2-10　克尼桥

根据国外斜拉桥的统计资料，单塔双跨式斜拉桥的主跨跨径 L_2 与边跨跨径 L_1 的比值为：$L_2/L_1 = 1.2 \sim 2.0$。

表 2-2 所示为我国 7 座单塔双跨式斜拉桥的跨径比例，L_2 与 L_1 的比值大致为 $1.04 \sim 1.82$，与国外相比略偏小，也就是说，国内单塔双跨式斜拉桥的主跨跨径相对于它的边跨跨径来说一般均偏小。反过来也可以说，边跨跨径相较于它的主跨跨径来说一般偏大。边跨偏大时，宜在边跨内增设中间辅助墩或增大桥塔的刚度；边跨偏小时应将塔后斜拉索比较集中地锚固在梁端附近。

表 2-2　国内 7 座单塔双跨式斜拉桥的跨径比例

桥名	主跨 L_2（m）	边跨 L_1（m）	跨径比 L_2/L_1	边跨内有无中间辅助墩
重庆石门桥	230	200	1.15	无
广东西樵大桥	125	110	1.14	有
四川桐子林大桥	120	104	1.15	无
淮阴运河大桥	90	64	1.41	有
上海恒丰北路立交桥	77	74	1.04	无
上虞章镇大桥	72	54	1.33	无
四川金川曾达桥	71	39	1.82	无

2.1.3 单跨式

单跨式斜拉桥（图 2-11）一般只需一个桥塔。由于不存在边跨的关系，塔后斜索只能采用地锚形式，同时梁体内的水平轴力（由斜索水平合力引起的力）必须由相应的下部结构来承受。日本的秩父桥（图 2-12），以及西班牙的埃伯劳桥（图 2-13）等都是典型的单跨式斜拉桥。

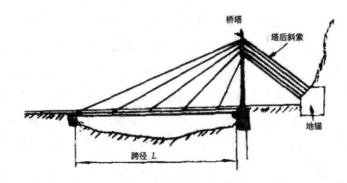

图 2-11　单跨式斜拉桥

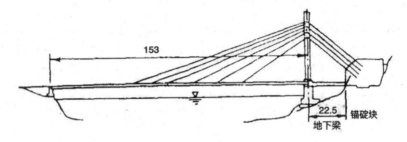

图 2-12　秩父桥（单位：m）

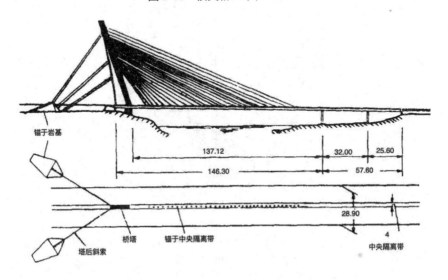

图 2-13　埃伯劳桥（单位：m）

单跨式斜拉桥也有采用双塔的实例，如日本的胜濑桥（图 2-14）。在适宜的地形条件下，单跨式斜拉桥可以利用山体岩锚来代替桥塔（无论是单塔或双塔）。对于位于美国加利福尼亚州北部奥佛水坝的上游，跨越美利坚河的鲁卡楚基桥（图 2-15），林同炎教授曾提出过一个岩锚曲线梁斜拉桥的设计方案。此桥平面曲线半径为 457 m，跨径为 400 m，桥宽 15 m，共采用 60 根斜索吊拉于两岸岩壁。此桥如不设计成曲线梁斜拉桥而是采用直线桥，则在两岸必须开凿隧道，需耗资 1 200 多万美元。此外，如不采用斜索吊拉而是由中间桥墩来支承，也需耗资 200 多万美元。

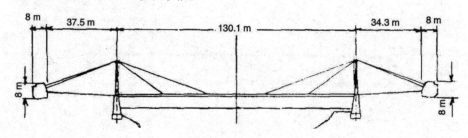

图 2-14　胜濑桥

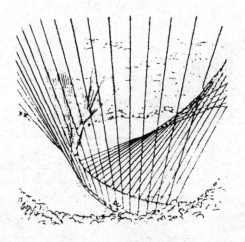

图 2-15　鲁卡楚基桥

2.1.4　多塔多跨式

　　"多塔"是指 3 塔或更多塔，"多跨"是指 4 跨或更多跨。多塔多跨式斜拉桥（图 2-16）较为少见，原因在于多塔多跨式斜拉桥中的中间塔顶没有端锚索来有效地限制它的变位。因此，已经是柔性结构的斜拉桥或悬索桥采用多塔多跨式的形式将使结构柔性增大，随之而来的是形变过大。

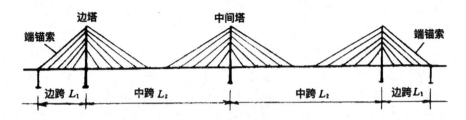

图 2-16　多塔多跨式斜拉桥

　　斜拉桥采用多塔多跨式时，建议将中间塔设置为刚性桥塔，但这样不经济。

　　图 2-17 所示是在设计丹麦大贝尔特桥时曾经研究的几种多塔多跨式斜拉桥的布置方法。该图中的方案（a）实际上是 2 座双塔三跨式斜拉桥的串联。中间设置一个两座桥共用的刚性边墩，两个中间塔的端锚索下端即锚固在此边墩上。日本本州四国联络桥中的岩黑岛桥与柜石岛桥也是这样串联的。方案（b）是将两个中间塔的后斜索互相交错，使每个中间塔的端锚索锚固在另一中间塔上。方案（c）是在两个中间塔顶之间增设水平拉索来代替端锚索（控制塔顶水平变位），同时再将 2 个中间塔设置为半刚性结构。方案（d）是将中间塔设置为刚性结构。方案（e）是取消所有端锚索，将所有桥塔均设置为刚性结构，同时加大两个边跨的跨径。

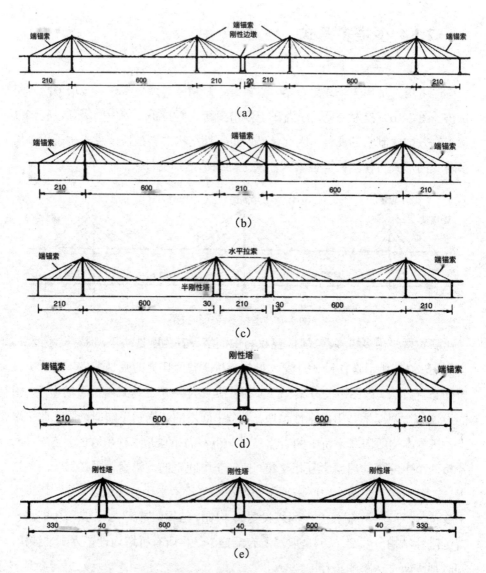

图 2-17 多塔多跨式斜拉桥多种布置方式（单位：m）

台北的光复桥（图 2-18）是一座多塔多跨式斜拉桥，两个主跨的中点设有能转动与伸缩的铰，实际上这样的结构体系是三个以塔为中心的双向伸臂结构物用铰进行串联。斜索与桥塔对主梁仅起到体外预应力索与转向支架的补强作用。

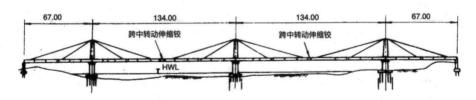

图 2-18　光复桥（单位：m）

2.1.5　塔跨混合式

利用斜拉桥中梁、索、塔等构件的各种变化可以组合出很多外观上不一样的桥梁。在桥跨布置上也同样可以利用一些变化组合出景观各不相同的塔跨混合式斜拉桥。四川洲河大桥（图 2-19）的桥跨布置就是一种塔跨混合式斜拉桥。它与上述各式均不相同，是由一半双塔三跨式与一半无塔（岩锚）单跨式斜拉桥混合而成。

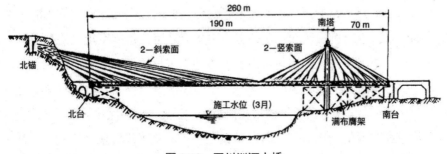

图 2-19　四川洲河大桥

此桥南半桥为单塔双向斜拉，北半桥为岩锚单向斜拉。全桥设计构思颇具特色，可惜在 1986 年施工接近完成时因施工质量问题发生垮塌事故，1987 年洲河大桥垮塌事故处理完毕后，对洲河大桥进行了重新设计，1988 年在垮塌原址上重建了一座三跨钢筋混凝土箱形肋拱桥。洲河大桥原桥虽因故未能建成，但编者仍认为它本是可行的，虽然有些细节问题值得商榷，但均非致命缺点。

2.2 斜索布置

2.2.1 斜索在空间内的布置形式

斜索在空间内的布置形式（图 2-20）一般有三种类型，即单索面、竖向双索面、斜向双索面。

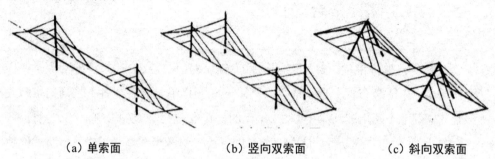

（a）单索面   （b）竖向双索面   （c）斜向双索面

图 2-20　索面布置形式

从力学观点上来看，单索面与双索面和主梁的抗扭问题有密切关联。采用单索面时，斜索对抗扭不起作用，因此主梁应采用抗扭刚度较大的截面。采用双索面时，作用于桥梁的扭矩可由斜索的轴力来抵抗。实际上，主梁本身均有一定的抗扭刚度。主梁的挠曲刚度与跨长的 3 次方成反比，而扭曲刚度则与跨长成反比，因此在双索面桥梁的抗扭刚度中，主梁的抗扭刚度占的比例并不小。

从桥面宽度的利用方面来看，单索面由于斜索下端锚固于主梁中心线上，除构造需要之外还要保护斜索免遭车辆意外碰撞，故桥面中央必然有一部分宽度不能利用。这部分宽度常用来作为上下行方向车道的隔离带。从桥面宽度利用率的角度来考虑，较窄的双车道桥梁不宜采用单索面。双索面在桥宽方向有两种布置方法，即斜索下锚固点位于桥宽之内（一般位于人行道部分）或位于桥面两侧的外缘。前者会存在部分宽度无效的问题，后者则必须由伸臂向梁体传递剪力和弯矩。

从施工和养护的角度来看，斜索的下锚固点位于桥面宽度以内总是优于位于两侧外缘部分；从美学和景观方面来看也是如此。锚固点位于桥面宽度以内时，锚固细节不会很突出。单索面桥在美学上更有优势，它可以避免双索面给人带来的桥面两侧斜索交错凌乱的感觉。德国的塞弗林桥最先采用斜向双索面形式，该索面形式对桥面梁体抵抗风力扭振特别有利。

由于单索面要求主梁有较大的抗扭刚度，主梁抗扭刚度又与跨径成反比，因此单索面斜拉桥的跨径不宜过大。单索面在非大跨度的斜拉桥中有景观上的优势，但双索面在现代斜拉桥中仍是使用最为广泛的，特别是对特大跨度斜拉桥的抗扭及施工安全等问题，斜向双索面更有竞争力。

2.2.2 斜索在索面内的布置形式（索面形状）

斜索在索面内的布置形式（图 2-21）有三种基本类型，即放射形（也称为标准扇形），扇形（也称为半扇形），竖琴形（也称为平行形）。

（a）放射形（标准扇形）　　　（b）扇形（半扇形）　　　　（c）竖琴形（平行形）

图 2-21　索面形状

从力学观点来看，以放射形较优，其理由如下：

第一，斜索与水平面的平均交角较大，斜索垂直分力对梁的支承效果较好，而对主梁产生的轴力较小。

第二，塔的弯矩较小，因为斜索的水平分力在塔顶基本平衡。

第三，相对来说，塔的高度可以比别的形式做得低一些。

放射形与竖琴形相比，在经济上以放射形稍有利。但放射形的斜索集中汇交于塔顶上，塔顶构造细节较为复杂。反之竖琴形由于所有斜索的斜角相同，除斜索两端（梁端与塔端）锚固点的结构细节可以单一化之外，塔上锚固点的间距较大，这是一个很大的优点。扇形布置则介于两者之间，它的斜索垂直分力虽小于放射形但大于竖琴形，而水平分力则相反，即大于放射形但小于竖琴形。除此之外，塔上锚固点的间距也同样介于放射形和竖琴形之间。除上述区别之外，究竟采用哪种索面布置形式，还要考虑景观问题。

除此之外，还有星形索面（图 2-22）及分叉形索面布置。星形索面在美学上虽很引人注目，但它违反了斜拉桥的一个重要原则，即斜索在梁上的锚固点应尽可能分散。因此，这种形式很少被采用。图 2-23 所示为英国新港桥的索面形状。该桥边跨的索面为竖琴形，而主跨则为多层分叉形。分叉形索面布置对主梁逐段伸臂架设与斜索逐根安装张拉不利。此外，如果不是采用鞍座，塔柱上的锚固构造会比较复杂，因此现在的斜拉桥基本上不再采用分叉形索面布置形式，除非在景观上确有特殊需要。

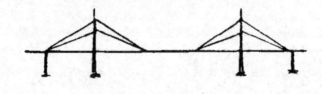

图 2-22　星形索面

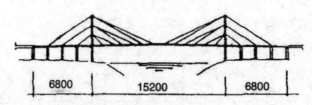

| 6800 | 15200 | 6800 |

图 2-23　英国新港桥的索面形状（单位：cm）

如果我们仿照新港桥，在主跨与边跨内布置不同的索面形状，则可以设计出几种不同的混合形索面。图 2-24 所示为扇形索面与竖琴形索面的混合形式，边跨的竖琴形斜索比较集中地锚固于边跨端部的梁体上。

图 2-24　扇形索面与竖琴形索面的混合形式

从总的情况来看，现代斜拉桥采用扇形索面的最多，其次是竖琴形。

2.2.3　索距的布置

根据斜索的间距，斜拉桥索可以分为稀索与密索。从斜拉桥的发展来看，早期稀索较多，近期密索较多。密索的优点有以下几点：

第一，索间距较短，主梁中的弯矩小。

第二，每索的拉力较小，锚固点的构造简单。

第三，锚固点附近的应力流变化较小，补强范围也小。

第四，伸臂施工时所需辅助支撑较少，甚至可以不用辅助支撑。

第五，每根斜索的截面较小，有可能每索只是用一根在工厂制造的外套 PE 保护管的钢索。

第六，斜索更换较容易。

第七，景观优美。

以上几点中第六点很有必要，实际上也发生过更换斜索的例子。至于第七点则多少含有一些主观因素。密索也存在如下缺点：

第一，端锚索（与端支点连接的斜索）刚度较小。

第二，边跨主梁可能会产生较大的负弯矩。

第三，每根斜索的刚度较小，可能会产生风振问题。

以上的第一点和第二点互相有关联，对于稀索而言，主梁上的荷载比较直接地由锚索传递到端支点，而对于密索来说，一部分内力经由主梁传递到端支点，因此边跨主梁变形及负弯矩均较大。为了克服上述缺点，有时可采用增大端锚索刚度的做法，即将边跨斜索集中为一根端锚索或将边跨的一部分斜索集中为端锚索。总之，稀索也不是毫无优点，要视具体情况而定。

总体来看，现代斜拉桥采用密索较多。

2.2.4 斜索截面的布置

斜拉桥的每组（道）斜索可由单股（根）、双股、四股或多股钢索组成。

斜索采用单股钢索时，钢索中心线应与塔柱中心线保持一致。因此，斜索上端在塔柱锚固部分的前后两侧的斜索不能交错布置，否则塔柱将受力扭曲。

斜索采用双股钢索时，两股钢索可以横向左右排列或纵向前后排列。但纵向前后排列不利于斜索上端在塔柱上进行交错锚固（情况与单股钢索相同）。另外一种布置方法是在主跨与边跨分别采用纵向前后排列与横向左右排列，使纵向前后排列的 2 股钢索能在横向左右排列的 2 股钢索之间通过，从而达到交错锚固的目的，马来西亚的槟威大桥就是这样布置的。2 根纵向前后排列的钢索也可以合成一根较粗的股索，同样也可以交错锚固。

斜索采用四股钢索时，应兼作纵横向左右前后排列，即上下 2 排，每排 2 股。如需在塔柱上进行交错锚固时，桥塔两侧的斜索也要采用不同的横向股距。

斜索采用多股钢索时（一般仅出现于稀索），股数一般应取偶数 n，纵向前后分列成（$n/2$）排，每排左右 2 股。广西红水河桥的每组斜索采用 6 股钢索，前后（上下）3 排，每排左右 2 股。

2.3　梁体布置

2.3.1　连续体系

　　斜拉桥的梁体，无论其纵、横、竖三个方向是怎样的支承体系，就其本身来说一般采用连续体系。在斜拉桥的全长范围（单塔双跨或双塔三跨）中，梁体应布置成连续的形式（图 2-25）。

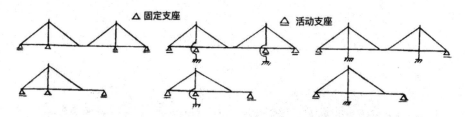

（a）塔梁固结、梁墩分离　　　（b）塔墩固结、塔梁分离　　　（c）塔、墩、梁固结

图 2-25　连续的梁体

　　在某些场合中，由于结构受力的需要，还可以进一步将梁体连续延伸（图2-26）到斜拉桥以外部分，即斜拉桥的梁体还与其边跨或主跨以外部分的引桥跨或其他跨的梁体相连。

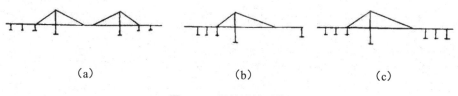

（a）　　　　　　　　　　（b）　　　　　　　　　　（c）

图 2-26　梁体连续延伸

2.3.2 非连续体系

2.3.2.1 跨中插入悬挂结构物

一般在双塔三跨式斜拉桥的主跨中央部分插入一个小跨悬挂结构物,我国上海的泖港大桥（图 2-27）的梁体布置就是这种形式的斜拉桥。它是在 200 m 的主跨中插入一跨 30 m 的简支悬挂梁,悬挂梁的长度为主跨长度的 1/6.7。

插入悬挂结构物的布置方法,除能简化结构受力体系和减少结构超静次数,以及能较好地适应两个桥塔的基础发生不均匀沉陷之外,无其他好处。另外,插入的悬挂结构物破坏了桥梁的整体性,在架设桥梁时又要为悬挂跨另用一套架梁方法,不能用单一方法架设。因此,现代斜拉桥已很少采用该种方法。

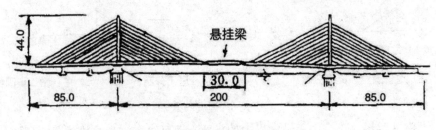

图 2-27　上海的泖港大桥（单位：m）

2.3.2.2 跨中插入剪力铰

该种方法是以剪力铰代替悬挂结构物,插入双塔三跨式斜拉桥的主跨中点。这种剪力铰可以只传剪力与轴力、不传弯矩,也可以只传剪力与弯矩、不传轴力。前者如西班牙的卢纳桥（图 2-28）,后者如我国的郧阳汉江桥（图 2-29）。

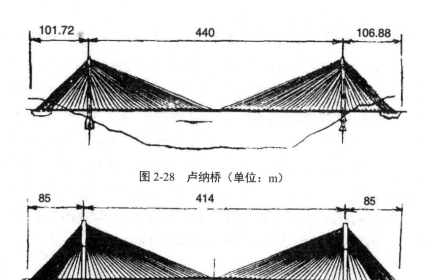

图 2-28 卢纳桥（单位：m）

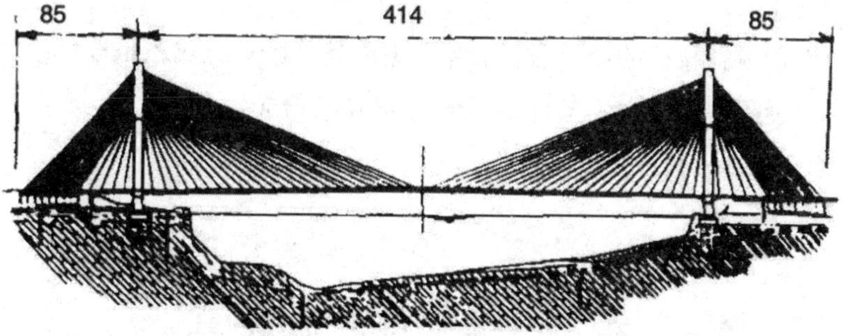

图 2-29 郧阳汉江桥（单位：m）

插入剪力铰是结构内力所要求的，它可以起到缓解温度内力等作用。但也因其破坏了桥面的连续性与桥梁的整体性，再加上剪力铰在设计、施工与养护方面的难度，故一般应尽量避免使用这种方法。

2.3.3 梁高

2.3.3.1 等高与变高

绝大部分斜拉桥的主梁高度是不变的，只有极少数斜拉桥的主梁高度在邻近桥塔处逐渐变大。

2.3.3.2 主梁的跨高比

主梁的跨高比是指主跨跨长与梁高的比值。斜拉桥两大景观特点是直线感与柔细感，其中的柔细感与主梁的跨高比有直接的关系。柔细感与跨高比成正比例关系，跨高比越大表示斜拉桥的柔细程度越大。早期稀索桥的主梁跨高比一般为 50～100。自出现密索以后，跨高比早已突破 100，特别是主梁采用结合梁时，跨高比会突破 200。采用混凝土薄板作桥面梁体的斜拉桥，其跨高比会进一步加大。

世界各国斜拉桥的统计资料表明，无论是单塔双跨式还是双塔三跨式，斜拉桥的主梁跨高比在密索条件下一般均为 100～150。

2.4 桥塔的形式和布置

2.4.1 桥塔形式

2.4.1.1 桥塔纵向形式

桥塔的纵向形式（图 2-30）一般为单柱形。在需要将桥塔的纵向刚度做得较大时，或者需要有 4 根塔柱来分散塔架的内力时，常常设置为如图 2-30 中（b）与（c）所示的倒 V 形与倒 Y 形，倒 V 形也可增设一道中间横梁（如虚线所示）变为 A 形。纵向倒 V 形的桥梁有路德维希港桥，纵向倒 Y 形的桥梁有济南黄河大桥。

（a）单柱形　　　　　（b）倒 V 形　　　　（c）倒 Y 形

图 2-30　桥塔的纵向形式

2.4.1.2 桥塔横向形式

桥塔的横向形式如图 2-31、图 2-32、图 2-33 所示。图 2-31 的（a）为单柱形，（b）为倒 V 形或 A 形（增设中间横杆时），（c）为倒 Y 形。这三种形式都适用于单索面。

图 2-32 中的各种形式都适用于双索面，其中（a）为双柱式，（b）为门式（两根塔柱可以竖直，也可以略倾斜），（c）为 H 形（两根塔柱可以是如图所示的折线形，也可以布置成竖直形或倾斜形），（d）是倒 V 形，与图 2-31 的（b）基本相同，用于斜向双索面，（e）是倒 Y 形，与图 2-31 的（c）基本相同，也用于斜向双索面。

图 2-33 中的各种形式分别为独柱形、A 形、菱形、门形、梯形，它们都是梁体位置高出墩顶许多时，也就是梁下通航净高尺寸很大时的适用形式。其中（c）的两根斜柱在桥面梁体以下反向内缩，这样既可以减小下部结构的尺寸，在造型上又比较美观，被称为菱形。丹麦著名的法罗大桥就是采用菱形桥塔的实例之一。

仿照图 2-33 中（c）的布置方法，图 2-32 中的（c）、（e）以及图 2-33 中的（e）等也可将梁体以下部分的两根塔柱向内收进，形成花瓶形（如南浦大桥的塔架形式）、钻石形（如杨浦大桥的塔架形式），以及日本岩黑岛桥的塔架形式（图 2-34）。墨西哥夸察夸尔科斯桥的钻石形塔架各部分的比例匀称和谐，外形美观。

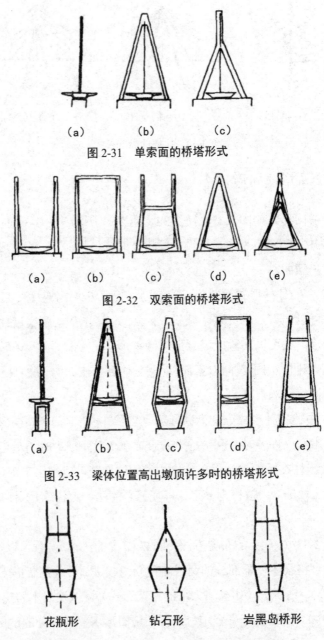

（a）　　　　　（b）　　　　　（c）

图 2-31　单索面的桥塔形式

（a）　　　（b）　　　（c）　　　（d）　　　（e）

图 2-32　双索面的桥塔形式

（a）　　　（b）　　　（c）　　　（d）　　　（e）

图 2-33　梁体位置高出墩顶许多时的桥塔形式

花瓶形　　　　钻石形　　　　岩黑岛桥形

图 2-34　花瓶形、钻石形及日本岩黑岛桥的桥塔形式

双柱形及门形塔架的面内刚度较差，但结构构造最为简单，施工也比较方便，适用于中小跨径的斜拉桥。当塔柱的横向间距较小（桥较窄）时，双柱形及门形塔架可增设一些横向连接杆来提高其面内的刚度，但这样做会影响景观效果，以及给施工带来困难。在各种形状的塔桥中，斜柱转折点处必须有一根受拉的横杆来平衡塔柱的水平分力。

早期斜拉桥的桥塔都是仿照悬索桥采用门式，为的是使桥塔有较好的刚度来抵抗风力。后来的实践证明，由斜索传给主塔的水平风力并不大，可以采用单根或双根独立的塔柱形式，当塔柱顶部在桥的横向产生移动时，斜索由于伸长的关系会产生索力的增值而迫使塔顶回到原来的位置，因此其对塔的稳定起着重要作用。但现代斜拉桥的跨径越来越大，再加上考虑地震等因素，要注意桥塔的刚度。因此，对较大跨径的斜拉桥，从改善扭振的角度出发，选用单柱式及双柱式的桥塔形式时必须非常慎重。

2.4.2 桥塔的有效高度

桥塔的有效高度 H 与斜索的倾角有关，故应从桥面以上算起。桥塔的有效高度 H 越高，斜索的倾角就越大，斜索垂直分力对主梁的支承效果也越好，但桥塔与斜索的材料数量也要增加。因此，桥塔的适宜高度 H 要由经济性来决定。但根据已有斜拉桥的实有资料统计分析，可以得出一个大致的范围。这个范围可以用桥塔的高跨比来表示。桥塔高跨比为桥塔有效高度 H（自桥面算起至塔顶的高度）与主跨 L 的比值。图 2-35 所示为国外的双塔三跨式和单塔双跨式斜拉桥桥塔高跨比的统计资料。三跨斜拉桥桥塔高跨比 H/L_2 一般为 1/4～1/7，钢斜拉桥为 1/5～1/6，但多数接近于 1/5。如果按双跨斜拉桥的实有主跨 L_2 来计算，则 H/L_2 为 1/2.7～1/4.7，钢斜拉桥为 1/3～1/4。桥塔高跨比值较大的有澳大利亚巴特曼大桥（双跨钢斜拉桥，$H/L=1/2.1$）和北爱尔兰的福伊尔桥（双跨 PC 斜拉桥，$H/L=1/1.91$）。桥塔高跨比值较小的有我国台湾的光复桥（四跨 PC 斜拉桥，$H/L = 1/7.66$）、瑞士的甘特桥（三跨 PC 斜拉桥，$H/L = 1/15.8$）等。但甘特桥与一般斜拉桥不同，它的斜拉构件为刚性 PC 斜板。

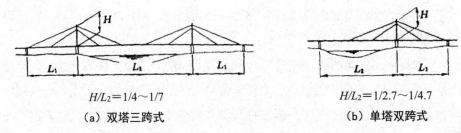

$H/L_2 = 1/4 \sim 1/7$	$H/L_2 = 1/2.7 \sim 1/4.7$
（a）双塔三跨式	（b）单塔双跨式

图 2-35　国外斜拉桥桥塔高跨比

表 2-3 所示为我国斜拉桥桥塔高跨比的统计资料。单塔双跨式的 H/L_2 为 $1/1.54 \sim 1/2.59$。与国外的 $1/2.7 \sim 1/4.7$ 相比，我国的最低值比国外的最高值还高，也就是说，我国的最低有效塔高比国外的最高有效塔高还高。其中上海恒丰北路立交桥偏大最多。我国双塔三跨式的桥塔高跨比 H/L 则为 $1/3.05 \sim 1/5.05$，与国外的 $1/4 \sim 1/7$ 相比也略偏高，但绝大部分均小于 $1/4$，仅两座单索面的桥（长沙湘江北桥与广州海印大桥）大于 $1/4$。国外的单索面斜拉桥其桥塔的高跨比一般也均小于 $1/4$，如法国的勃鲁东桥为 $1/4.54$，美国的阳光高架桥为 $1/4.59$。

表 2-3　国内斜拉桥桥塔高跨比统计资料

桥名	主跨 L_2（m）	有效塔高 H（m）	H/L_2	附注
上海恒丰北路立交桥	77	49.97	1/1.54	单塔单索面
重庆石门桥	230	113.00	1/2.04	
广东西樵大桥	125	48.20	1/2.59	单塔双索面
雅砻江桐子林大桥	120	51.60	1/2.33	
江阴运河一号桥	90	46.00	1/1.96	
广东南海九江大桥	160	77.50	1/2.06	
长沙湘江北桥	210	53.72	1/3.91	双塔单索面
广州海印大桥	175	57.40	1/3.05	

续表

桥名	主跨 L_2 （m）	有效塔高 H （m）	H/L_2	附注
上海沏港大桥	200	44.00	1/4.55	
天津永和桥	260	52.00	1/5.00	
济南黄河大桥	220	51.27	1/4.29	
东营胜利黄河大桥	288	57.00	1/5.05	
蚌埠淮河大桥	224	53.75	1/4.17	
辽宁长兴岛大桥	176	40.77	1/4.32	双塔双索面
犍为岷江大桥	240	57.00	1/4.21	
武汉长江二桥	400	91.00	1/4.40	
郧阳汉江桥	414	90.42	1/4.60	
上海南浦大桥	423	105.00	1/4.03	
上海杨浦大桥	602	144.00	1/4.18	

从表 2-3 还可以看出：无论是单塔双跨式斜拉桥，还是双塔三跨式斜拉桥，单索面的桥塔高跨比略大于双索面的桥塔高跨比。

2.5　锚拉体系与结构体系

2.5.1　斜索的锚拉体系

一般来说，斜拉桥的主缆多数是自锚式。但在特殊情况下，少数斜拉桥是地锚式或部分地锚式的。

2.5.1.1 自锚式

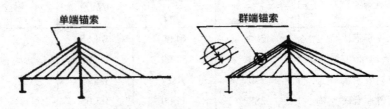

图 2-36 自锚式斜拉桥的端锚索

无论是单塔双跨式，还是双塔三跨式，绝大多数的斜拉桥都是自锚式（图 2-36）。自锚式斜拉桥的塔前侧斜索分散锚固在主跨梁体上，而塔后侧的斜索除最后的锚固在端支点处之外，其余则分散锚固在边跨梁体上，或集中一部分斜索锚固在端支点附近的梁体上。锚固在端支点处的最后一根（组）斜索一般具有较大的截面，它被称为端锚索或尾索，是斜索体系中最重要的一根（组）。它的索力最大，对控制塔顶变位起重大作用。在自锚体系中，斜索的水平分力由梁体的轴力来平衡。

2.5.1.2 地锚式

一般用于单跨式斜拉桥，如前面所说的秩父桥就是标准的地锚式斜跨桥。在地锚体系中，塔前斜索的水平分力一般由梁体传递给下部结构。

2.5.1.3 部分地锚式

无论是单塔双跨，还是双塔三跨，只要有边跨梁体存在，即使是很短的边跨，都可以在特定的条件下将塔后斜索布置成部分地锚式。卢纳桥就是部分地锚式斜拉桥（图 2-37）。卢纳桥塔后侧的 21 道斜索中只有 8 道锚固在边跨梁体上（自锚），其余 13 道锚固在重力式大体积混凝土桥台上（地锚）。

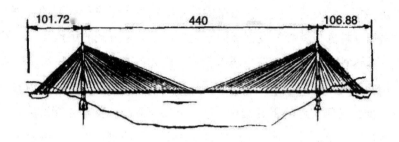

图 2-37　卢钠桥的部分地锚体系（单位：m）

2.5.2　桥塔的支承体系

桥塔的支承体系（图 2-38）大致可分为四种，即塔墩固结、塔梁分离体系；塔梁固结、梁墩分离体系；铰支桥塔体系；塔、梁、墩固结体系。

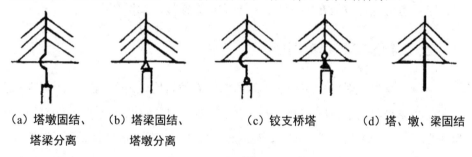

（a）塔墩固结、　　（b）塔梁固结、　　　　（c）铰支桥塔　　　　（d）塔、墩、梁固结
　塔梁分离　　　　　塔墩分离

图 2-38　桥塔的支承体系

2.5.2.1　塔墩固结、塔梁分离

塔柱下端固结于墩顶。主梁在墩顶或塔架上可设置竖向、横向及纵向支承。现代斜拉桥，特别是大跨径斜拉桥，绝大多数桥塔采用这种支承方式。

2.5.2.2　塔梁固结、梁墩分离

塔柱下端与梁体固结后用支座支承在墩顶上，采用这种支承形式的主梁大

部是箱形截面。此时，不仅要在塔梁固结点对箱形主梁进行必要的补强，还要在梁的底下（柱底位置处）设置竖向支座。这种支承方式的优点是可以减小塔柱弯矩。但这种支承方式的缺点也有很多，比如：主跨满载时桥塔将随主梁挠角发生倾斜，使主跨梁体挠度与边跨梁体负弯矩显著增大；上部结构的恒载与活载反力均由支座传递给下部结构，常常需要有高吨位支座才能适应，支座的设计、养护、更换均较困难。采用这种支承形式的桥例，单索面桥塔有法国的勃鲁东桥，双索面桥塔有我国的红水河桥。

2.5.2.3 铰支桥塔

出于结构上的原因，塔柱底部可以在桥梁纵向采取铰支的形式。它可减小塔柱的弯矩和降低结构的超静定次数。当地基支承条件恶劣时，采用这种形式可以使基础免受较大的弯矩。采用这种形式时，一般将塔柱下端的支承铰设在墩顶上；有时也可以设在主梁顶上，形成塔梁铰接，梁墩分离。

2.5.2.4 塔、梁、墩固结

这种支承形式对中小跨径的单塔双跨式斜拉桥比较适用，而对于双塔三跨式斜拉桥来说，由于温度内力较大，一般较少使用。例如，建成于希腊的埃弗里布斯桥，为双塔三跨式斜拉桥，利用较高的柔性塔墩，成功地采用了塔、墩、梁三者固结的形式。桥塔采用此形式的桥梁有很多，如我国重庆石门桥、雅砻江桐子林大桥等。

2.5.3 梁体的支承体系

斜拉桥的梁体除用斜索以弹性支点的形式支承之外，在纵、横、竖三个方向均应在边墩及塔墩上有所支承，塔、梁、墩固结也是支承方式之一。除此之外，还可以采用活动支座（M）、固定支座（F）、铰（H）、铰销节点（P）、阻尼减震支座（D）、弹性支点（E）等多种方式支承。

2.5.3.1 竖向的支承

一般在边墩和中间塔墩处皆设有支座。在塔墩处的支承方式有支于桥塔（或塔柱间的横梁），直接支于墩顶，以及塔、墩、梁固结等三种方式。塔墩处设有刚性支座时对主梁要产生很大的负弯矩，为此，也常有在塔墩处不设支座的。关于竖直方向的哪种支承方式较好，这要结合水平方向的支承条件、支座的构造、主梁的抗弯刚度和斜索的布置等来综合考量。

2.5.3.2 横向的支承

一般在端支点和中间支点（塔墩）处皆设有横向支座来共同抵抗横向水平力。当边跨中布置有中间辅助墩时，这些小墩一般只承受垂直力而不负担横向水平力。由于梁体下面两侧已设竖向支座，横向支座可设在梁体侧面（夹在梁体与塔柱之间）或梁体下的桥轴线上。横向固定支座只起约束横向变位的作用。

2.5.3.3 纵向的支承

纵向支承条件的决定要考虑地震惯性力、温度变化、制动力和风力等引起的纵向移动量，问题较为复杂。特别是地震惯性力，它随支承条件的不同有很大变化，对温度变化的影响要考虑结构的温度应力和伸缩缝处的伸缩量，纵向风力对一般的主梁来说可忽略不计，但对桁梁的影响相对大一些。

图 2-39 所示为单塔双跨式斜拉桥各种可能的支承情况，图中字母代表前文所述的 6 种支承方式。（a）中虽有伸缩量集中在左边跨的端支点的缺点，但当跨度不大时，伸缩装置还是可以设计出来的。左边跨的端支点虽然也可改用固定支座，但因为负反力的关系对基础的稳定不利。（b）的中间塔墩刚度较大时，固定支座设于中支点较适宜，伸缩量可分散到两端，从分散纵向水平力的角度来说，最好有 2 个或 3 个固定支点，但温度应力在设计中很难处理。当

（c）的边墩和中墩均较柔细时，也有可能改为 2 个或 3 个固定支点，但若各墩均柔细，则对抗震不利。

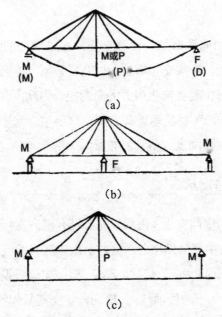

(a)

(b)

(c)

图 2-39　单塔双跨式斜拉桥各种可能的支承情况

图 2-40 所示为双塔三跨式斜拉桥各种可能的支承情况。图（a）中，一端为固定支座，另一端为活动支座，其缺点是伸缩量集中于一端，且固定支座处由于有负反力而对基础稳定性不利。如果将支承条件改为括号内的代表符号，则可避免上述两个缺点。（b）为在一个中墩设固定支座，在其他支点皆设活动支座。这虽是一般的布置方法，但也要注意以下问题：首先是结构失去对称性以及两端伸缩量不同；其次是两个中墩大致平均负担全桥的垂直力和横向水平力，而纵向水平力则集中在一个中墩上。为了应对上述情况可以采用（c）的支承图式，即在两个中墩处皆设固定支座且在中孔跨中设置一个铰结构。但是（c）中的铰结构处会产生折角变形，故必须用密索并且斜索一直要布置到铰的附近。（d）的支承图式一般适用于海湾桥或桥下通航净高很大的桥，即中墩墩顶到梁底有较大高差的桥，中墩塔柱和边墩的抗弯刚度均较小，此时结构的自振

周期较长，但地震水平力可减少。（d）在设计上多少会有温度应力问题。

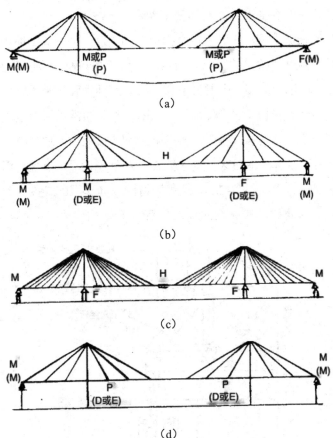

图 2-40　双塔三跨式的梁体竖向支承

　　以上所述的纵向支承条件没有跳出常规范围，有些对结构的力学性能不一定很适宜。除此之外还有一些特别的支承方法，比如采用阻尼减振支座。这种阻尼减振支座对温度变化等的缓慢荷载可起到活动支座的作用，但对地震等的急速荷载则起固定支座的作用。用这种支座来代替图 2-39（a）中的固定支座时（括号中所示的支承条件），在平常由中墩起固定作用，而在地震时则变为右侧端支点起固定作用。这样平常的温度伸缩量可分散在两端，而在地震时又可避免中墩首当其冲。又如图 2-40（b）和（d）的中墩采用这种阻尼减振支座后，上述各缺点皆可规避。这种阻尼减振支座从力学观点上来看是比较理想的，但要考虑制造时的经济性以及长期使用能否不出故障。

采用阻尼减振支座，既可减小结构原有的刚度，又可减小地震对桥梁的影响，还可减小温度对桥梁的影响。当然，采用一些其他方法也可达到此目的，比如在图 2-40（b）和（d）中的桥墩和主梁之间插入弹簧来作弹性支点。日本已经建成的一些斜拉桥（如岩黑岛桥和柜石岛桥）通常在两个端支点处的梁墩之间采用三角形连杆与盆式弹簧支座来控制纵向变化（图 2-41）。

除此之外，日本名港西大桥的主梁在主塔处不设纵向支座，而是采用水平钢索来支承在塔柱上（图 2-42），这种独特的纵向支承方式称为 MDC（Meiko Damper Cable 的简称，其中 Meiko 为名港的译音）。

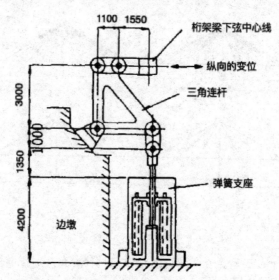

图 2-41　三角形连杆与弹簧支座（单位：mm）

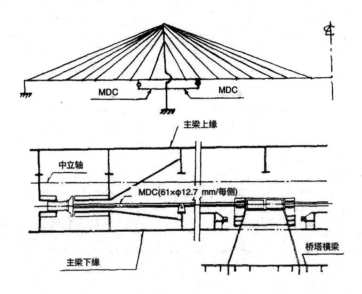

图 2-42　名港西大桥的 MDC 支承方式

横滨海湾桥则用连杆将主梁支承在主塔上。这个做法相当于纵向弹簧的刚度为零，也就是在纵向相当于无支承而成为悬浮体系。悬浮体系的纵向水平力传递路径是主梁→斜索→塔→下部结构，因此塔柱下端必须固定于主墩上。悬浮体系对抗震极为有利，但也有塔柱应力较大和主梁移动量较大等缺点。除此以外，该体系对塔柱的压屈稳定也较不利。

2.5.4　结构体系

斜拉桥是一个由索、塔、梁三种基本构件组成的组合结构。按梁、塔、索三者的结合方式，斜拉桥可组成四种不同的结构体系，即飘浮体系、支承体系、塔梁固结体系和刚构体系。具体如图 2-43 所示。

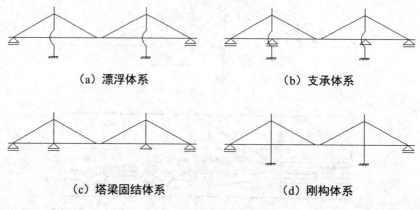

图 2-43　斜拉桥的结构体系

2.5.4.1 飘浮体系

飘浮体系——塔墩固结、塔梁分离，主梁除两端有支承外，其余全部用拉索悬吊。漂浮体系常用于多跨弹性支承的单跨梁。空间动力计算表明，由于斜拉索不能对梁提供有效的横向支承，不能抵抗风力等引起的横向水平力，一般在塔柱和主梁间设置板式或聚四氟乙烯盆式橡胶支座。安装时预先顶紧，以施加横向约束。

漂浮体系的主要优点：当两跨满载时，塔柱处主梁无负弯矩峰值；由于主梁可以随塔柱的缩短而下降，所以温度、收缩和徐变内力均较小，在密索体系中主梁各截面的变形和内力的变化较平缓，受力较均匀；地震时允许全梁纵向摆荡，作长周期运动，从而吸震消能。

飘浮体系的主要缺点：当采用悬臂施工时，塔柱处主梁需临时固结，以抵抗施工过程中的不平衡弯矩和纵向剪力。

采用这种体系的有美国跨越哥伦比亚河的帕斯科-肯纳威克桥和我国的天津永和桥、上海的南浦大桥和杨浦大桥等桥梁。

2.5.4.2 支承体系

支承体系——塔墩固结、塔梁分离，主梁在塔墩上设置竖向支承，成为具有多点弹性支承的三跨连续梁或悬臂梁，后者即在跨中设铰或挂孔，挂孔要有一定的长度，以免在一侧悬臂受到车辆荷载作用时，挂孔发生过大的倾斜，影响行车的平顺性。一般带挂孔的悬臂梁只在混凝土主梁中采用，因为混凝土主梁刚度大，活载挠度相对较小。当为连续梁时，可以是一个固定支座，三个活动支座，也可以是四个活动支座。一般均设活动支座，以避免由于不对称约束而导致不均衡的温度变位。水平位移将由斜拉索制约。当为悬臂梁时，主梁在塔柱处用固定支承，边墩处用纵向活动支承。

支承体系若用一般支座来处理则无明显优势，因为当两跨满载时，塔柱处仍有负弯矩尖峰，温度、收缩、徐变内力较大。若在墩顶设置可调节高度的支座或弹簧支承来替代从塔柱中心悬吊下来的拉索，一般称零号（0#）索，并在成桥时调整支座反力，则可以消除大部分收缩、徐变等不利影响，这样与飘浮体系相比，在经济和美观方面将会有一定优势。

2.5.4.3 塔梁固结体系

塔梁固结体系——塔梁固结并支承在墩上，斜拉索为弹性支承，它可用于连续梁或悬臂梁，视地质条件而定。梁的内力与挠度直接同主梁与塔柱的弯曲刚度比值有关。这种体系的连续梁支座之一必须纵向固定，一般是一个塔柱支座固定，而另一个可以纵向活动。

塔梁固结体系的优点是可减小塔墩弯矩和主梁中央段的轴向拉力。缺点是当中孔满载时，主梁在墩顶处产生转角位移导致塔柱倾斜，主梁跨中挠度和边跨负弯矩显著增大；上部结构重力和活载反力都由支座传给桥墩，这就需要设置很大吨位的支座。在中小跨径斜拉桥中，大吨位盆式橡胶支座的出现，简化了支座构造，为设计施工提供了很大的方便。在大跨径斜拉桥中，这种结构体系可能要设置上万吨级的支座，支座的设计制造及日后的养护、更换均较困难。

法国的勃鲁东桥是采用塔梁固结体系的连续梁桥，我国上海的泖港大桥则采用塔梁固结的单悬臂加挂孔体系。

2.5.4.4 刚构体系

刚构体系——梁塔墩互为固结，形成跨度内具有多点弹性支承的刚构。

刚构体系的优点：既免除了大型支座，又能满足悬臂施工的稳定要求；结构的整体刚度比较好；主梁挠度小。

刚构体系的缺点：主梁固结处负弯矩大；在双塔斜拉桥中，为消除较大的温度应力，需在主梁跨中设置可以容许水平移动的剪力铰或挂梁，这可能导致行车不平顺，所以刚构体系较适用于单塔斜拉桥。

在塔墩很高的双塔斜拉桥中，可采用由两片薄壁组成的柔性墩，来适应结构出现的水平变形（温度收缩、徐变和活载等都有可能引起变形），形成连续刚构体系，从而既具备刚构体系的优点，又能保证行车的平顺舒适。

美国的达梅角桥采用跨中设铰的刚构体系；美国的阳光高架桥和我国广州的海印大桥采用柔性墩连续刚构体系。

主梁结构体系的选用需根据地质条件、支座吨位、施工方法、行车平顺性及抗风抗震等因素综合分析后加以确定。

第 3 章　斜拉桥索梁锚固结构

斜拉桥索梁锚固结构是连接斜拉索与主梁的构件，其作用是将斜拉索的索力传递到主梁上。为了使斜拉索巨大的索力能够安全、可靠地传递到主梁截面上，并且保证在长期静荷载与动荷载作用下，该结构不发生疲劳破坏，在设计时应保证荷载传递明确、流畅，尽量避免应力集中现象的出现。索梁锚固结构是斜拉桥设计中的关键，斜拉桥索梁锚固结构的可靠与否将直接关系到整座大桥的安全。

3.1 索梁锚固结构设计原则

斜拉桥索梁锚固结构的主要作用是将斜拉索传来的巨大索力顺畅地传递到整个锚箱梁中。在设计锚固结构时，一方面要满足在静载作用下，锚固结构不发生强度破坏，也就是整个锚箱传递应力均小于板件材料的屈服强度。另一方面，要求在长期的活载（主要为汽车荷载和风荷载）作用下，锚固结构不会发生疲劳破坏。具体来说，锚固结构的设计要满足下列要求。

第一，锚固结构的设计要便于斜拉索的更换、检查、维护。

第二，锚固区域要设有横隔板或横梁构造，以抵消垂直方向的分力。

第三，锚固区域附近的板件应适度加强（可通过加厚板件实现，必要时可以设置加劲肋）。

第四，能明确、顺畅地将索力传递到箱梁中，又不会出现应力集中现象。

3.2 斜拉桥索梁锚固结构形式

斜拉索与主梁的连接形式多种多样。下面根据主梁的材料类型，分别对几种类型的斜拉桥索梁锚固结构予以说明。

3.2.1 斜拉桥与钢主梁锚固结构形式

钢主梁斜拉桥拉索与主梁的连接承受集中力大、索力传递复杂、应力集中现象严重。钢斜拉桥研究的一个重点课题就是如何实现拉索与梁的连接能够具有足够的静力强度和疲劳强度，在设计使用寿命之内能够实现索力的顺畅传递，而不会出现结构被破坏的现象。钢斜拉桥索梁锚固结构有四种常见的连接形式：耳板式连接、锚管式连接、锚拉板式连接和锚箱式连接。

3.2.1.1 耳板式

耳板式连接结构也叫作销铰式连接结构。这种结构形式为主梁或纵梁的腹板向上伸出形成耳板，也就是说，在制造钢主梁或纵梁的同时制造耳板；也有在主梁的腹板上采用螺栓固结的形式固定板件形成耳板。耳板要开孔，以便和销铰连接件连接。

在我国桥梁建设中采用此锚固结构形式的有马鞍山长江公路大桥、宁波长丰桥、杭州湾跨海大桥、北航道桥、西堠门大桥、舟山桃夭门大桥、深圳湾大桥等。国外的有日本的来岛海峡大桥、明石海峡大桥等。

耳板式（销铰式）锚固是指通过耳板将斜拉索在桥面以上用销子锚固，主要有以下两种构造形式。

一是通过高强度螺栓将耳板与腹板相连（图 3-1）。即在主梁腹板外侧安置耳板，通过主梁腹板与耳板之间的摩擦力来实现索力的传递。为了适应斜拉索横向倾角的变化，需要将耳板沿板厚方向设计为楔形，主梁腹板保持固定的倾角不变，从而降低主梁的制造难度，便于钢梁的标准化生产。

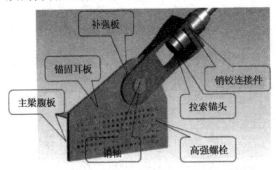

图 3-1　耳板式锚固结构（高强度螺栓连接）

二是腹板外伸式连接（图 3-2）。腹板外伸式连接是将腹板向上延伸出顶板并切割成耳板状，斜拉索通过销铰与耳板连接，索力直接传递给主梁腹板，传力途径明确。锚索区腹板一般较厚。

我国的深圳湾大桥和法国的诺曼底桥均采用了这种锚固形式。

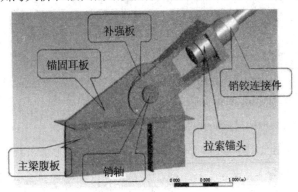

图 3-2　耳板式锚固结构（腹板外伸式连接）

综上所述，斜拉索锚头、销铰连接件、锚固耳板及补强板是耳板式锚固结构的主要组成部分。销铰连接件与斜拉索锚头间索力的传递是通过螺母承压来实现的。连接件与锚固耳板之间通过销轴连接，锚固耳板与主梁腹板之间既可以通过焊缝连接，也可以通过高强度螺栓连接。从构造上看，耳板式锚固结构比较简单，施工方便。从传力上看，其传力高效，传力路径明确，即索力由锚头传递给销铰连接件，然后由销铰连接件传递给耳板，再由耳板传递给主梁腹板，最后由腹板传递给主梁全截面。

耳板式索梁锚固结构的构造特点如下。

第一，结构简单，制造容易，拉索安装方便，便于日常检修，但结构景观性差。

第二，高强度螺栓的连接方式是将耳板外置，耳板沿厚度设置为楔形，以适应斜拉索不同的横向倾角；外伸连接方式的构造相对复杂一些，需要对拉索销头进行特殊的处理，以适应拉索不同的横向倾角。

第三，拉索锚点位置高且会随着销轴转动，这使得阻尼器的安装变得不便，且控制效果差。

第四，耳板和腹板局部受力较大，必须采用高强度、厚尺寸钢材，如诺曼底桥钢材厚度达 85 mm；浙江的桃天门大桥使用的钢材强度高达 785 MPa、厚度达 90 mm。

第五，斜拉索的张拉只能安置在塔端。

耳板式索梁锚固结构的受力特性如下。

第一，两种连接方式的耳板锚固结构的索力传递路径都很明确。高强度螺栓连接的索力传递主要是通过耳板与主梁腹板间的摩擦力来实现的，腹板外伸式连接的索力是直接由耳板向腹板通过焊缝传递的。

第二，与锚固结构的其他部件相比较，耳板的应力水平最高，应力极值出现在耳板销孔两侧。

第三，耳板最大应力出现在销轴与销孔壁沿斜拉索方向接触的位置，耳板上销孔右上方区域的应力较大，同时向两侧递减。

第四，在索力作用下，耳板上的销孔承受着巨大的局部压力，应力水平很高，设计者往往通过以下方法来满足对锚固结构的强度要求，提高结构的安全性：板材选用高强度钢材；增加板厚及销孔直径，以此来增加承压面积；在销轴外加一层衬套，改善销孔接触面受力状态，从而有效地将线线接触转换为面面接触，改变接触状态，降低销孔周边的应力水平。

耳板式锚固结构（高强度螺栓连接）的组装方式如下。

第一，对板材进行预处理。预处理工序为：赶平—抛丸除锈—喷涂车间底漆—烘干。

第二，根据设计图纸对板件进行数控切割机下料。采用合理的切割程序，增加必要的补偿，保证几何形状和尺寸精度。耳板构件需做 Z 向超声波探伤，并预割斜拉索连接孔。

第三，对下料板件进行矫正。矫正时可选用冷矫正，亦可选用热矫正。

第四，在耳板上和夹板上钻取工艺小孔（选择孔群的极边孔）。

第五，将腹板置于平台上，划出纵横基准线、板肋组装线和横隔板位置线，并钻取工艺小孔，位置与耳板、夹板上的工艺孔对应。

第六，在铣床工作台上进行耳板和夹板的斜面加工。

第七，用定位冲钉和螺栓将耳板、腹板、夹板连接起来，保证板面密贴，然后采用数控钻床钻孔。

第八，采用棱角钢砂处理耳板、内夹板、腹板摩擦面，然后使各连接面复位并拧紧高强度螺栓。

第九，进行销轴和衬套的加工和检测。

第十，安装连接件、销轴、衬套、耳板。安装顺序是先把衬套装在耳板销轴孔内，再把连接件插入耳板，最后安装销轴。

耳板式锚固结构构造与其他三种锚固结构相比要简单得多，而且组成的板件又少，传力路径明确。但由于销轴与耳板圆孔孔壁接触面积较小，容易使孔壁受到挤压，在孔壁接触的地方形成巨大的局部压力，销轴与孔壁接触的地方是整个耳板式锚固结构的薄弱点。在设计时，可采用适当加大销轴直径或耳板厚度的方法，以增大销轴与孔壁的接触面积；也可在销轴外包一层橡胶软套，来增大销轴与耳板孔壁的接触面积，从而降低销轴与孔壁接触区域的局部压力。

3.2.1.2　锚管式

锚管式索梁结构是直接将锚管按一定倾斜角度嵌入腹板焊接，属于内置式结构，锚管的下端焊接锚垫板，斜拉索穿过锚管并通过锚具锚固在锚管的下端。拉索索力依次经由锚垫板、锚管、主梁腹板，以及主梁顶板、主梁底板传递给主梁全截面。具体连接如图 3-3 所示。

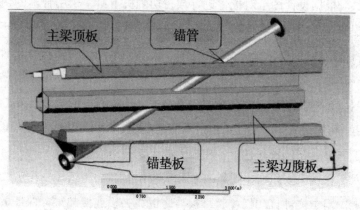

图 3-3　锚管式锚固结构

这种锚固形式多用于斜拉索为单股的场合。例如，日本的名港东大桥、名港中央大桥和名港西大桥，我国的天津海河大桥、香港汲水门大桥等都采用了这种锚固形式。

锚管式索梁锚固结构的构造特点如下。

第一，结构简化程度高，既无锚箱也无耳板。

第二，腹板可采用固定的倾角，空间索面拉索的横向倾角可通过锚管及锚头端的楔形垫板来调整。

第三，当大跨斜拉桥拉索需设置减震装置时，可采用内置式阻尼器。

第四，锚固结构的材质可选用一般桥梁用钢，无特殊要求。

第五，张拉端既可设置在梁端，也可设置在塔端。

第六，锚头裸露于梁底，日常检修不方便，也不美观。

第七，锚管一般直径较大，长度较长，且原材料存在旁弯及圆度的偏差，这些都给锚管和锚腹板的组装带来了相当大的难度，因此这种形式对组装工艺水平要求较高。

锚管式连接结构有如下受力特点。

第一，索力传递较直接，路径明确。

第二，锚管是从主梁腹板中间穿过，这使得拉索索力与腹板平面没有偏心，因而不会产生附加的偏心弯矩。

第三，锚管的应力分布呈现下端较大，沿拉索方向向上逐渐减少的特点。

第四，锚管与主梁腹板连接焊缝的端部有截面突变，存在应力集中的现象，尤其是在拉索的张拉端。

第五，为了减小锚管和锚管连接腹板的应力，还需要对锚管和锚管附近主梁腹板进行加厚处理。

锚管的组装方式如下。

第一，对板材进行预处理。预处理工序为：赶平—抛丸除锈—喷涂车间底漆—烘干。

第二，根据设计图纸对板件进行数控切割机下料。采用合理的切割程序，增加必要的补偿，保证几何形状和尺寸精度。

第三，对下料板件进行矫正。矫正可选用冷矫正，亦可选用热矫正。

第四，对矫正后的零件进行刨边及坡口处理。

第五，在锚管上画出锚腹板组装时的定位线，并使锚管最大旁弯方向与拉索挠度方向一致。

第六，在平台上划出锚管轴线位置线、纵基线、与纵基线垂直且过纵基线与锚管轴线交点的基准线、锚管端头位置线、锚腹板端头线，以及锚腹板边线。分别将锚腹板与锚管置于平台的支撑板上，并调整锚腹板和锚管的基准线，使其与平台上的位置线重合。确定合格后，进行定位点焊。

第七，在腹板上组装槽形肋。

3.2.1.3 锚拉板式

锚拉板（图 3-4）焊接于箱梁顶面，属于外置式锚固结构。锚拉板连接是将整块钢板作为锚拉板，在锚拉板两侧沿拉索方向焊接加劲肋，加劲肋底部与钢主梁顶板焊接。在锚拉板上部开槽，槽口内焊连锚筒，锚筒下端焊接锚垫板，斜拉索穿过锚筒并通过锚具锚固在锚垫板上。

锚拉板与主梁的连接方式有两种：一种是锚拉板直接焊接在主梁顶板顶面，锚拉板下部位置与主梁腹板相对应，在此处形成十字对接接头焊，湛江海湾大桥就采用了此种方式；另一种则是将主梁纵腹板局部向上延伸，延伸段穿过主梁顶板与锚拉板底边焊接，广东东沙大桥就采用了这种方式。

与第一种连接方式相比，第二种连接方式的优点在于它解决了十字焊接构造疲劳强度低的问题，同时不要求钢主梁顶板选用抗层状撕裂的 Z 向钢板，且与锚拉板连接位置附近的主梁顶板不需要加厚；其不足是这种构造形式的腹板需要进行局部加厚处理。

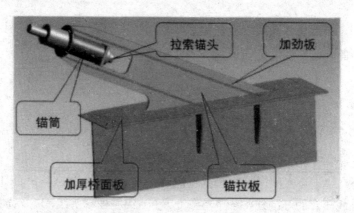

图 3-4　锚拉板结构

为确保索力均匀地传给主梁，降低连接区域桥面板的应力，锚拉板和钢主梁的腹板中心线应在一条直线上，并且通常将与锚拉板连接区域的主梁上翼板加厚，在钢主梁腹板对应锚拉板的加劲肋位置增设加劲板。其传力路径是锚垫板将索力全部传递给锚筒，再通过锚筒两侧焊缝传给锚拉板，然后由锚拉板将索力传递给钢主梁。锚拉板的主要受力构件及传力焊缝如图 3-5 所示。

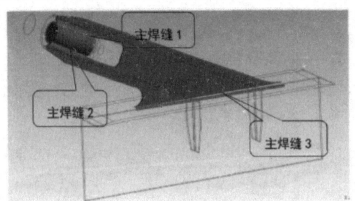

图 3-5　锚拉板主要受力构件及传力焊缝

我国采用这种锚拉板锚固结构形式的桥梁有广东湛江海湾大桥、福建青州闽江大桥、颗珠山大桥、灌河特大桥等；国外的有加拿大安纳西斯桥等。

锚拉板式索梁锚固结构的构造特点如下。

第一，拉索横向倾角的变化可通过锚拉板横向倾角和锚垫板楔形块尺寸来调节，不需要改变主梁腹板横向倾角，这降低了主梁的制造难度。

第二，锚固结构位于桥面上，便于施工安装和日常检修。

第三，主焊缝 3（图 3-5）对应的顶板处板材需加厚，此处钢材对抗层状撕裂性能要求较高。而锚拉板结构对材质没有特殊的要求，一般桥梁用钢即可满足。

第四，锚固结构外露于梁体，影响桥梁美观。

第五，拉索只能在塔端张拉。

锚拉板式索梁锚固结构的受力特性如下。

第一，索力通过锚垫板全部传递到锚筒上，然后经由锚筒与锚拉板间的主焊缝 1、主焊缝 2（图 3-5）传递到锚拉板上，然后再经锚拉板与主梁顶板的主焊缝 3（图 3-5）传递到主梁顶板，最后索力在主梁中的顶板、底板、腹板和隔板中扩散。

第二，就锚拉板受力而言，锚拉板上部的应力水平较中下部的应力水平高，尤其是在锚拉板与锚筒焊接过渡的圆弧处，存在应力集中的情况，在设计索力作用下，该处钢材局部已进入塑性状态，计算时应考虑弹塑性的影响。

第三，锚筒是直接承受索力的构件，其受力状态为剪切和压缩的组合受力状态，应力较为复杂。由于锚筒应力水平一般较高，因此锚筒板一般较厚。

锚拉板的组装方式如下，见图3-6。

图 3-6　锚拉板组装示意图

第一，首先对板件进行预处理，预处理工序为：赶平—抛丸除锈—喷涂车间底漆—烘干。

第二，根据设计图纸对板件进行数控切割机下料，采用合理的切割程序，增加必要的补偿，保证几何形状和尺寸精度，下料流程如图3-7所示。

第三，对下料板件进行矫正，矫正可选用冷矫正，亦可选用热矫正。

第四，对矫正后的零件进行刨边及坡口处理。

第五，在工厂车间进行锚拉板与锚筒间的焊接，焊接选用V型坡口全熔透焊技术，为减少焊接变形，应采用对称施焊法。

第六，根据大桥图纸确定锚拉板单元组装参数，然后利用计算机进行立体放样。分别将主梁腹板断面中心线和横隔板断面中心线映射到桥面板顶面,作为锚拉板的横向和纵向定位基准线。在锚管上选取定位参考点,利用经纬仪对锚拉板角度进行反复测量,并利用组装样板进行调整,待调整到位后,用面板予以固定。各尺寸核对无误后将锚拉板与桥面板焊接,焊接时采用挥接工艺,确保焊缝质量。锚拉板与桥面板焊接选用不对称 V 型坡口全熔透焊技术,为减少焊接变形,应采用对称施焊法。

第七,48 小时后进行 100%的超声波探伤。

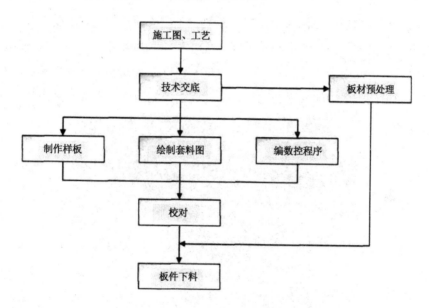

图 3-7　锚拉板板件下料流程

虽然此种锚固结构板件单元数量少、焊接工作量小、制造精度高、焊接质量容易控制,以及制造工艺比其他常见的锚固形式简单,但仍需注意以下几点。

第一,对锚拉板、桥面加强板和主梁斜腹板间的十字焊接接头的板材、焊材、施焊工艺等进行研究,通过焊接工艺评定试验,选择合理的焊接工艺。

第二,注意桥面加强板钢材的 Z 向性能控制。

第三,在装配和焊接过程中,必须严格控制锚拉板顺桥向和横桥向的倾角,以减少附加力对结构受力性能的影响。

第四，应严格控制制造加工过程，以及后期维护板与桥面板间的熔透角焊缝质量。

3.2.1.4 锚箱式

锚箱式锚固结构的制造过程首先是制造一个钢锚箱，然后将钢锚箱用焊接的方法与主梁腹板连接，斜拉索锚固在钢锚箱上。锚箱位于主梁腹板外侧的风嘴内，整体美观性好，属于内置式结构，锚箱与主梁腹板通过焊缝相连（图3-8）。其主要受力板件由两块相互平行且垂直于主梁腹板的顶、底板构成，其尺寸大小随拉索竖向倾角的不同而不同。结构索力经由锚箱顶、底板与主梁边腹板的角焊缝进行内力传递。由于索力轴线中心与主梁边腹板中间有偏心，边腹板要承受由此产生的横向附加弯矩，因此腹板内侧需增设必要的竖向加劲肋。

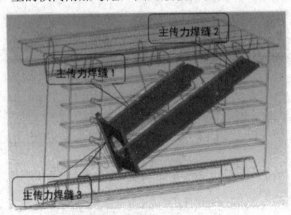

图 3-8　锚箱主要受力构件及传力焊缝

图3-8中所示的三条焊缝是锚箱结构将索力向梁体传递的主传力焊缝，为保证锚固结构传力的可靠性，主传力焊缝1、2、3均采用不对称V型坡口全熔透焊，并于48小时后进行100%的超声波探伤。

锚箱式锚固结构整体性好、刚度大，锚箱承载强度高，在斜拉桥建设中得到广泛运用。国内外采用锚箱式索梁锚固结构的典型桥梁见表3-1。

表 3-1　国内外采用锚箱式索梁锚固结构的典型桥梁

序号	桥名	桥址	主跨跨径（m）	类型	建成时间
1	多多罗大桥	日本	890	斜拉桥	1999 年
2	柜石岛桥	日本	420	斜拉桥	1988 年
3	苏通长江大桥	中国	1 088	斜拉桥	2008 年
4	南京八卦洲长江大桥	中国	628	斜拉桥	2001 年
5	南京大胜关长江大桥	中国	648	斜拉桥	2005 年
6	上海杨浦大桥	中国	602	斜拉桥	1993 年
7	上海长江大桥	中国	730	斜拉桥	2008 年
8	芜湖长江大桥	中国	312	斜拉桥	2000 年
9	广州鹤洞大桥	中国	320	斜拉桥	1998 年
10	安庆长江大桥	中国	510	斜拉桥	2007 年
11	昂船洲大桥	中国	1 018	斜拉桥	2008 年

锚箱式锚固结构的构造特点如下。

第一，可避免锚固构件穿越主体结构内部，破坏内部结构的完整性。

第二，腹板可采用固定的倾角，空间索面拉索的横向倾角可通过锚固端的楔形垫板调整。

第三，当大跨斜拉桥拉索需设置减震装置时，可采用内置式阻尼器。

第四，锚箱结构材质可选用一般桥梁用钢，无特殊要求，但对于主梁腹板来说，考虑到厚板焊接结构，尤其是焊透的角接头，应采用抗层状撕裂的 Z 向钢板。

第五，拉索锚头置于风嘴内，景观效果好。

第六，拉索在塔端和梁端均可张拉。

第七，锚箱内空间狭小，养护检修困难。

第八，焊接应力大，矫形困难，加工难度大，焊接工艺要求高。

锚箱式锚固结构的受力特点如下。

第一，拉索索力的传递方式是由锚垫板传递给锚箱，再由锚箱传递给主梁的锚腹板，最后由锚腹板通过主梁的主要承力构件扩散到整个主梁截面上。其中，锚箱与主梁腹板之间的索力传递是通过它们之间的连接焊缝以剪应力的方式来实现的。由于索力的作用方向与锚腹板不在同一个平面上，因此在索力的传递过程中，索力还会对锚腹板产生附加弯矩。

第二，由于索力在由锚箱传递给锚腹板的过程中，传力截面发生了突变，因此锚箱与锚腹板连接焊缝的应力较大，其中承压板与锚腹板的连接焊缝应力水平最高，这就要求此处焊缝采用熔透角焊缝，且在承压板的两端焊接成过渡坡，以消除应力集中现象。

第三，在索力作用下，锚箱的顶、底板有向外侧鼓出变形的趋势，为了限制这种变形，需要在锚箱顶、底板的外侧焊接加劲板，组成受力框架，因此该加劲板的受力也是锚箱结构的受力关键部位之一。

第四，在索力作用下，承压板既有面外的弯曲变形，又有沿着板厚方向的挤压变形，受力十分复杂。因此，在设计承压板时，一方面应考虑在满足施焊条件的情况下尽可能增加板厚，提高承压板刚度；另一方面在构造上将承压板支撑在锚箱顶、底板和腹板上，形成四边支撑结构，从而减小承压板的面外变形。

第五，锚垫板作为索力由锚头向锚箱传递的直接装置，其主要承受沿板厚方向的挤压应力。因此，可以通过加厚锚垫板的方式来改善锚箱承压板的弯曲应力，降低对承压板的厚度要求。

钢锚箱加工制作是一个系统的工程，为了保证成品质量，需要对整个加工过程进行质量管理和监控。一方面，要充分掌握可能引起误差的因素，采取相应的措施减少误差；另一方面，还要对误差产生的影响进行分析和研究。

钢锚箱的质量把控的重点有如下几个方面。

第一，钢板是锚箱的主材，应通过外观检查和机械性能试验，严把钢板质量关。

　　第二，应进行必要的焊接试验，选择合理的焊接工艺。

　　第三，在板单元的加工中，将切割后的板材消除应变后再进行焊接，把焊接变形控制在最低限度。板单元是钢锚箱制作的基本单元，板单元的制作几何精度和焊接质量直接决定了锚箱结构的几何精度和内在质量，在选定合格的制作材料和优良的焊接工艺后，采用合理的板单元制作工艺是钢锚箱制作的重要步骤。钢锚箱的制作和组装工艺流程如下。

　　①首先对板材进行预处理，预处理工序为：赶平—抛丸除锈—喷涂车间底漆—烘干。

　　②根据设计图纸对板件进行数控切割机下料，采用合理的切割程序，增加必要的补偿，保证板件的几何形状和尺寸精度。

　　③对下料板件进行矫正，矫正可选用冷矫正，亦可选用热矫正。

　　④对矫正后的零件进行刨边及坡口处理。

　　⑤组装主梁节段外腹板和腹板水平加劲肋。

　　⑥在专用平台上绘制基准线，在节段外腹板外侧精确定位锚箱组装位置及组装角度。

　　⑦用角钢确定锚箱顶、底板之间的距离，由于主焊缝均采用不对称 V 型坡口全熔透焊，且外侧焊缝坡口较大，焊接时锚箱顶、底板会向锚箱外侧偏移，因此在组装锚箱顶、底板时，应向锚箱内侧偏移一定量，进行预变形调整。

　　⑧安装加劲肋板。

　　⑨安装承压板，锚箱顶、底板应与承压板之间磨光顶紧，合格后才能施焊。为保证承压板的平面度，可在承压板外侧加装两条临时加强板。

　　⑩锚箱安装完成后，在节段上安装风嘴单元。

　　⑪风嘴安装完成后安装锚管。

　　锚箱与腹板的连接需做特殊要求，因为其组件的几何精度及焊接、锤击工艺会对锚腹板构造细节的疲劳抗力产生较大影响。

　　第一，索力对钢锚箱和主梁边腹板的偏心形成附加弯矩，会使连接焊缝及主梁腹板形成 Z 向拉力，为降低连接焊缝的局部应力峰值，除严格控制零件几何尺寸精度外，还要注意钢锚箱方向角和承压板方向角的精度，允许偏差值为±0.1°。

第二，对钢锚箱局部进行打磨和锤击（图 3-9），以消除和缓和焊缝引起的残余应力。

图 3-9　钢锚箱焊缝锤击部位示意图

3.2.1.5 四种连接形式的比较

以上索梁连接结构均可用于大跨度钢梁斜拉桥，且各具特色。钢锚箱式结构在承压板和锚箱顶、底板处容易出现应力集中现象，最大应力出现在主梁腹板之上；耳板式连接在耳板销孔附近有极大的局部应力；锚管式连接在斜拉索作用端头有很大的压应力；锚拉板式连接在拉板与锚筒焊缝、拉板与主梁焊缝处有较大应力出现。在设计大跨度钢斜拉桥时，需要根据斜拉桥的特点，考虑每种锚固连接方式的受力特点，采取适当补强措施，选择合适的锚固结构。

第一，四种索梁锚固结构形式均能较好地适用于大跨度钢梁斜拉桥或组合梁斜拉桥，在目前国内已建成的大跨度钢梁斜拉桥中，锚箱式索梁锚固结构使用得最多。第二，从锚固结构的构造特征上来看，锚箱式锚固结构的构造是最复杂的，焊缝和连接板件是最多的。相对来说，结构最简单的是耳板式连接，锚拉板式连接和锚管式连接构造复杂程度介于上述两者之间。第三，从景观效果上来看，锚箱式连接属于内置式连接，对主梁的外观无影响，因此景观效果最佳，其余三种都对主梁景观有影响。第四，从传力途径上来看，锚箱式连接是通过承压板焊缝、上锚板焊缝和下锚板焊缝这三道焊缝将索力传递给主梁腹板，耳板式连接和锚拉板式连接均是通过底部一条焊缝或高强度螺栓将索力传递给主梁腹板，锚管式连接是通过锚管与主梁腹板间的两条焊缝来实现索力的传递的。因此，耳板式连接、锚拉板式连接和锚管式连接传力途径最为简单明了，锚箱式连接的传力途径较为复杂。第五，从结构的材质方面来说，锚箱式连接与锚管式连接对材质的要求都不高，使用普通桥梁用钢材即可；对于锚拉板式锚固结构来说，如果使用主梁顶板焊接锚拉板形式，则对主梁顶板的钢材有抗层状撕裂性能的要求；耳板式连接对耳板钢材有很高的屈服强度要求。第六，从结构的制造和组装工艺方面来说，锚箱式连接和锚管式连接构造复杂，对制造工艺要求较高，制造成本也较高。第七，从运营期间的养护检修方面来看，耳板式连接和锚拉板式连接的锚头位于桥面以上，便于检查、维修和更换。

从上述介绍可以看出，四种索梁锚固结构形式各有优缺点（表 3-2）。因此，在选取桥的索梁锚固结构方式时，应根据实际情况和具体的桥梁设计而定，主要涉及结构、材料、施工等方面的要求，也要考虑日后的检修和更换是否方便，综合整体的可行性和经济美观性等各方面的指标，选择最合适的结构形式。

表 3-2　四种不同索梁锚固结构形式的特点

指标	耳板式	锚管式	锚拉板式	锚箱式
索力传递	明确、流畅	明确、流畅	明确、流畅	复杂
对钢材要求	特殊钢材	普通桥钢	特殊钢材	普通桥钢
斜拉索张拉锚固	塔端张拉	塔、梁端均可张拉	塔端张拉	塔、梁端均可张拉
与主梁位置关系	梁体外部	主体部分位于梁内部，部分结构伸出主梁较高	梁体外部	主梁风嘴内
对施工工艺的要求	一般	较高	较高	较高
检查与维修	方便	困难	方便	困难
易发生破坏区域	销轴与耳板孔壁的接触挤压部位	锚管与主梁腹板连接的部位	锚拉板、锚拉筒和主梁间的连接部位	承压板与主梁腹板连接部位

3.2.1.6 钢主梁索梁锚固结构的特点

通过对钢梁斜拉桥索梁锚固结构的研究，索梁锚固结构具有以下一些结构特点。

（1）承受荷载巨大，受力状态复杂

正如前面所提及的那样，随着斜拉桥跨度的不断增加，斜拉索的最大索力也在急剧增大，如上海长江大桥最大设计索力已达到 11 260 kN，这也就意味着锚固点处需承受千吨级的集中力，如此巨大的集中力将导致锚固点和主梁在一定范围内产生较大的局部应力。对于锚固结构而言，除了承受巨大的拉索索力，锚固结构往往还影响着主梁变形，这将导致锚固结构的受力极其复杂。以锚箱式索梁锚固结构为例，索力通过锚垫板作用在承压板上，而构造上承压板是支撑在锚箱的顶、底板上的，这将导致承压板既产生挤压应力又产生弯曲应力；对于锚箱的顶、底板而言，它们承受着由承压板传递而来的拉索索力，同时锚箱顶、底板还要连在主梁腹板上，这使得锚箱顶、底板还参与主梁的变形，因此锚箱顶、底板既有面内弯曲应力又有面外弯曲应力，在焊缝处，还存在着巨大的剪应力。可以看出，索梁锚固结构受力是极其复杂的，采用常规的平面模型计算方法已远不能满足这种复杂结构的验算要求，需要根据空间理论进行分析与计算。

（2）疲劳现象较为严重

疲劳现象始终是影响钢结构寿命的重要问题，对于钢主梁斜拉桥的索梁锚固结构来说，因为其具有构造复杂，组成板件众多，连接焊缝密集，索力变化幅值大，连接焊缝存在残余应力，潜在裂源点多等特点，因此索梁锚固结构在恒载和活载作用下的疲劳问题较为突出。

（3）非线性突出

斜拉索巨大的索力，导致索梁锚固区局部应力水平较高，部分区域在小于设计荷载的外荷载作用下便已进入塑性状态，使得塑性区域附近的结构应力需进行重分配，因此仅采用线弹性理论的方法已经不能精确地对结构的真实应力水平进行评估。例如，锚拉板式索梁锚固结构在顶板加强板处，由于锚拉板传递巨大的面外荷载，加强板可能会产生层状撕裂现象；对于耳板式（销铰式）索梁锚固结构，由于销轴对孔壁的巨大挤压，在孔壁周围产生了巨大的局部应力，在分析时应按照接触非线性考虑。上面列举的例子都表明，索梁锚固区的钢板表现出很强的非线性特点，必须应用塑性理论、接触理论，结合非线性有限元的方法对锚固区邻近区域的真实应力的数据进行求解。

（4）设计参数可优化

由于索梁锚固结构一般比较复杂，影响结构受力状态的因素很多，因此这种结构具有很大的优化潜力。索梁锚固结构的参数优化在斜拉桥设计中具有较大的理论意义和实用价值。

一方面，通过索梁锚固结构参数优化过程，能掌握结构的传力机理和应力分布规律，进一步加强对该结构体系的理论认识，为以后斜拉桥索梁锚固结构的设计、施工提供理论指导和数据资料；另一方面，对索梁锚固结构进行优化设计后能改善结构的受力性能和抗疲劳性能，提高结构的安全性、耐久性。以湛江海湾大桥的锚拉板结构为例，通过调整锚拉板与锚筒连接焊缝根部的圆弧半径，从而提高塑性区的初始屈服荷载并减小屈服面积；对苏通大桥锚箱结构进行的合理焊缝长度研究表明，焊缝并非越长越好，在保证锚箱能安全传力的前提下，应尽可能地缩短焊缝长度。

大跨度钢梁斜拉桥索梁锚固结构空间受力行为及优化设计属于细节研究，该构造细节影响着桥梁的安全性和耐久性，除此之外，还影响着全桥的美观性和整体性。因此，对索梁锚固结构进行分析和研究，具有非常重要的现实意义和理论价值，应给予足够的关注。

3.2.2 斜拉桥与混凝土主梁锚固结构形式

预应力混凝土斜拉桥的大量出现，促进了斜拉索与混凝土主梁锚固结构的形式多样化。目前，斜拉索与混凝土主梁普遍采用的结构形式有顶板锚固、箱内锚固、梁体两侧锚固、斜隔板锚固和梁底锚固等。

3.2.2.1 顶板锚固

顶板锚固一般用于单索面整体箱的锚固构造。斜拉索直接锚固在截面中部的箱梁顶板上，并与一对斜撑连接，斜撑作为受拉杆件将索力传递到整个截面。斜拉索在锚固点通过锚固块与主梁截面连接，锚固块构造如图 3-10 所示。

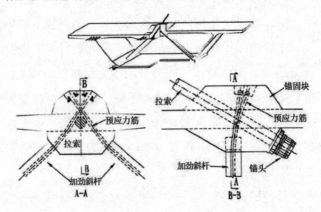

图 3-10　顶板锚固

3.2.2.2 箱内锚固

这种锚固形式一般适用于两个分离式单箱的双索面斜拉桥和带有中间箱室的单索面斜拉桥。锚固块位于顶板之下和两个腹板之间，并与它们固结在一起，锚固构造如图 3-11 所示。在力的传递方面，斜拉索的水平分力主要通过锚固块以轴压的形式传递给顶板后再分布到梁体全截面，竖向分力主要通过锚固块以剪力的形式传给腹板。采用这种锚固形式的有珠海的淇澳大桥、上海的泖港大桥等。

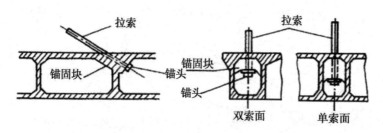

图 3-11 箱内锚固

3.2.2.3 梁体两侧锚固

双索面混凝土斜拉桥常常在梁体两侧设置锚固块，这样能够适应斜拉索的布置位置。锚固块一般设在梁体两侧较厚的腹板或风嘴实体块下，锚固构造如图 3-12 所示。这是混凝土双索面斜拉桥的一种非常普遍的锚固形式。斜索的水平分力可通过风嘴实体或厚边腹板来传递，垂直分力则需要在斜腹板内设置一定数量的竖向预应力筋来适应。由于位置关系，这种锚固形式只适用于双索面混凝土斜拉桥。

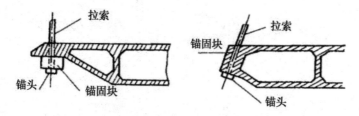

图 3-12 梁体两侧锚固

3.2.2.4 斜隔板锚固

这种锚固形式同箱内锚固一样，适用于两个分离式单箱的双索面斜拉桥和带有中间箱室的单索面斜拉桥。锚头设在梁底外面，也可埋入斜隔板预留的凹槽内,锚固构造如图 3-13 所示。在力的传递方面,垂直分力由斜隔板两侧的腹板以剪力形式传递。很多混凝土斜拉桥,用倾斜横隔板代替斜锚梁,索力的传递途径也与锚梁相同,索力经过分散由整个混凝土箱梁结构共同承担。

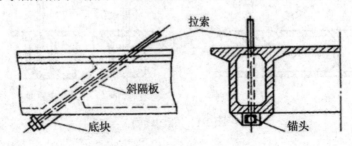

图 3-13　斜隔板锚固

3.2.2.5 梁底锚固

这种锚固形式只适用于梁截面较小的双主梁或板式梁,锚固构造如图 3-14 所示。锚固块设在梁底的原因是要避免削弱原来截面积已经很小的边主梁截面,不干扰梁板截面内的布筋。

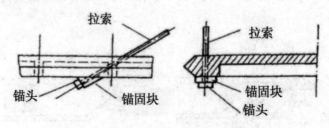

图 3-14　梁底锚固

3.3 索梁锚固结构的国内外
研究现状

　　索梁锚固结构的设计是斜拉桥设计的一个关键部分，索梁锚固结构的安全可靠性直接影响到总体结构的可靠性。在设计大跨斜拉桥时，往往要对索梁锚固结构进行专门研究，通过有限元理论分析及模型试验得到索梁锚固结构的应力分布及传力路径，对其承载安全性进行评价。

　　国内外早已把大跨斜拉桥索梁锚固结构区域作为设计分析考虑的重点之一。2000 年以前，国内外对斜拉桥锚固结构的研究主要采用试验的方法。通过现场制作锚固区结构试验模型，对锚固区进行专门的试验。国外修建的大跨径斜拉桥较少，所以国外针对索梁锚固结构的研究较少。

　　1995 年，日本远藤武夫在《大跨度斜拉桥斜拉索锚固结构的试验研究》一文中针对多多罗大桥的索梁锚固结构采用足尺试件，对该桥的钢锚箱——取梁式锚箱和柱式锚箱两种形式进行了试验研究，比较其构造，研究其制造方法，认识其疲劳特征。该桥在疲劳试验中施加了比实际桥梁承载力大得多的荷载，试验后在构造上作了一些改进，最后得出结论，实桥的抗疲劳设计是没有问题的，并且通过对两种锚箱的对比，认为柱式锚箱力的传递更为流畅，单元数量少、焊接工作量少，容易制造，因此该桥最终选择采用柱式锚箱。

　　与国外不同，国内近年来修建了多座大跨径钢梁斜拉桥，国内的学者针对各种不同的索梁锚固结构进行了专门的理论分析与试验研究。

　　目前，国内索梁锚固结构模型试验一般采用足尺试件或 1∶2 试件。而试件结构加载方式可分为两种，第一种按足尺模型从实际结构中取出锚箱、腹板以及部分上下翼缘。为避免选取的模拟主梁的刚度远远小于实际主梁带来的误差，将模拟主梁的上下翼缘向锚箱一侧延伸，使模型主梁的截面形式由槽形变为工字形，从而加大竖向弯曲刚度。在模拟主梁的端部焊接箱型立柱来模拟索塔。另外，为减小斜拉索对主梁腹板附加弯矩的影响，在模拟主梁和模拟索塔之间，加一平行于斜拉索方向的工字型斜撑。采用成品索或钢绞线体系来模拟拉索，可用小型千斤顶进行张拉。另一种，为方便加载，将按实际尺寸从实桥结构中取出的试验模型竖起倾斜放置，使斜拉索加载方向竖直向下，以方便疲劳试验机施加垂直方向的荷载。钢箱梁竖起倾斜下端与锚固基座焊接，在模型试件的上端设置立柱，立柱下端接地将钢箱梁竖向撑起。

1996 年，西南交通大学的强士中和王嘉弟主持了广东省汕头市礐石大桥索梁锚固结构的静载试验项目，这也是国内首次进行的索梁锚固结构模型试验，试件采用的是 1：2 的缩尺模型。试验研究了斜拉索索力作用在箱梁边腹板的传力方式和传力途径，上、下盖板和箱梁边腹板传递水平压力的分配系数，以及在两种设计荷载作用下索梁锚固区的应力应变状态，并检验了结构的安全性。同年，沈桂平、顾萍采用空间有限元方法对杨浦大桥索梁锚固结构进行了空间受力分析，并将计算结果与三维光弹试验结果进行了对比，对锚固区构造提出了优化建议。

1997 年，王嘉弟、赵廷衡针对广东礐石大桥锚管式锚固区域进行了应力应变分析。

1999～2000 年，西南交通大学又对南京长江二桥南汊桥索梁锚固结构进行了模型试验。试验分别选取了销铰式和锚箱式两种结构形式。其中，销铰式采用的是 1：2 的缩尺寸模型，锚箱式采用的足尺模型。销铰模型试验验证了耳板的应力分布情况和连接的安全性能。锚箱静载试验研究了锚箱及附近腹板的应力大小及分布范围，以及锚固区附加弯矩对梁体受力情况的影响，同时还通过常幅疲劳试验研究了锚箱结构的抗疲劳性能。

2001 年，刘庆宽、王新敏、强士中等人对南京长江二桥南汊桥索梁钢锚箱进行了足尺模型试验研究。试验结果表明：①主梁腹板的锚前区以受压为主，锚后区以受拉为主，试验模型的最大应力值点在主梁腹板上锚头附近；②主梁腹板在锚箱承压板附近的区域拉应力值较高，向四周扩散；③锚箱承压板受力复杂，其余各板件在承压板附近区域应力较大；④锚箱式索梁锚固结构索力传递流畅，传力途径明确。

2002 年，中铁大桥科学研究院武汉桥科院工程试验检测有限公司对舟山连岛桃夭门大桥的索梁锚固结构进行了模型试验，桃夭门大桥的索梁锚固结构采用的是销铰式连接，试验模型选用了 1∶1.5 的缩尺模型，试验重点研究了索力在锚固结构中的传力途径和锚固结构的安全承载能力，验证了销轴套对改善销孔局部应力的作用。

2002～2005 年，西南交通大学又先后承担了安庆长江大桥、苏通长江公路大桥和湛江海湾大桥的索梁锚固结构静载与疲劳试验研究课题，其中苏通长江大桥、安庆长江大桥的索梁锚固结构的疲劳试验在中铁大桥科学研究院武汉桥科院工程试验检测有限公司完成。安庆长江大桥与苏通长江大桥均采用了锚箱式索梁锚固结构，湛江海湾大桥选用的是锚拉板式索梁锚固结构。模型试验选用 1∶1 足尺试件，试验主要验证了锚箱的承载安全性和抗疲劳性，对锚固结构应力集中区域进行了参数分析，掌握了锚固结构的应力分布规律，并对锚固结构的局部提出了优化建议。

2002 年，王禄鹏等在《大跨度钢箱梁斜拉桥全焊锚箱的制造及变形控制》一文中介绍了大跨度钢箱梁与斜拉索的几种连接构造形式，重点阐述了南京长江二桥钢箱梁全焊锚箱的制造工艺，并对焊接变形及几何精度控制进行了详细论述。

2004 年，李乔、唐亮等在文献中对大跨径钢梁斜拉桥锚固结构疲劳试验荷载进行了研究，文章根据国外主流桥梁规范的疲劳相关规定，从疲劳积累损伤理论出发，以苏通长江公路大桥索梁锚固区疲劳试验为依托，对我国公路桥梁疲劳荷载的确定方法和制定原则进行了深入研究。

2004 年，卫星、强士中在文献中以深圳湾大桥索梁锚固结构为研究对象，采用有限元软件，对索梁锚固结构进行了接触应力分析，研究了锚固结构及锚固区附近主梁各构件的应力分布情况。

2004 年，李小珍、蔡靖、强士中等人对深圳湾大桥钢锚箱进行了疲劳试验研究。试验中对足尺模型试件施加了 200 万次疲劳荷载，试验结果表明：所有试验测点的应力都符合有关钢结构疲劳强度的规范要求，且绝大部分测点的应力远小于疲劳容许应力，结构具有较大的抗疲劳安全储备。吴冲、韦杰鼎、曾明根等人对上海长江大桥索梁锚固区进行了静力试验研究。该桥为公轨两用斜拉桥，试验采用 1：2 缩尺模型进行。试验结果表明：竖立试验模型的箱梁宽度是锚箱宽度的 3 倍以上时，边界条件对模型试验结果的影响不大，最大应力相差约 6.5%；该桥钢锚箱的极限承载能力约为设计索力的 2.81 倍，有较大的抗疲劳安全储备。

2006 年，朱劲松、肖汝诚等以杭州湾跨海大桥耳板销铰式索梁锚固结构为研究对象，进行缩尺模型试验，研究北航道桥最长边索在 1.4 倍及 1.7 倍设计索力作用下，耳板的应力分布、传力途径，以及该桥索梁锚固结构的传力可靠性和构造合理性。

2007 年，满洪高在《大跨度钢斜拉桥索梁锚固结构试验研究》一文中介绍了苏通大桥锚箱疲劳试验情况。在 200 万次疲劳验证阶段，试验模型未发现裂纹，结构没有被破坏，在加大荷载幅度进行破坏试验时，模拟主梁翼缘板和夹在底座板件的焊缝上出现裂纹，由于该处属于模型附属结构，因此苏通大桥钢锚箱具有足够的抗疲劳安全储备。

2007 年，任伟平、强士中等针对湛江海湾大桥锚拉板式索梁锚固结构进行了足尺比例静载和疲劳模型试验，研究了其结构特点、制造工艺、应力集中程度、塑性区大小和分布、关键构造细节的疲劳性能等。

2010 年，苏庆田、吴冲、何武超等人对湛江海湾大桥进行了疲劳试验研究。试验结果表明：①对于公路交通和城市轨道交通公用的斜拉桥，轻轨产生的疲劳荷载占索梁锚固区疲劳总荷载的绝大部分；②经过 200 万次验证性试验和 100 万次加速试验，钢锚箱板件及钢锚箱与主梁的连接焊缝疲劳强度满足要求，结构具有较大的抗疲劳安全储备。

2011 年，张清华、李乔在《超大跨度钢箱梁斜拉桥索梁锚固结构试验研究》一文中通过对苏通长江大桥钢锚箱的理论分析与静载试验研究指出，锚箱底板、顶板及承压板是锚箱结构的主要传力构件，三者组成的结构体系以受剪为主、受弯为辅，通过剪-弯联合受力的方式实现了斜拉索和主梁之间的荷载传递；锚箱顶、底板焊缝纵向应力呈典型的"马鞍形"分布，表现出较为显著的不均匀性；锚箱主要受力构件中均存在不同程度的应力集中现象。

西安交通大学对锚固结构的试验研究水平处在全国前列，近 10 多年来先后承担了汕头礐石大桥锚管式索梁锚固结构的静载试验，南京长江二桥耳板式索梁锚固结构试验，南京长江二桥、安庆长江大桥、苏通长江大桥和广州珠江黄埔大桥锚箱式索梁锚固结构试验，以及连盐高速灌河特大桥、湛江海湾大桥和广州东沙大桥锚拉板式索梁锚固结构静载与疲劳试验等。另外，中铁大桥科学研究院对舟山桃夭门大桥的索梁销铰连接锚固区取足尺模型进行了试验研究；同济大学对杭州湾跨海大桥北航道索梁锚固结构进行了试验研究；湖北工业大学桥梁工程实验室联合武汉桥梁科学研究院对厦漳大桥锚拉板式锚固结构进行了静载和疲劳试验，试验表明大桥锚拉板式锚固结构静力与疲劳强度满足设计要求，在设计寿命期内不会发生疲劳开裂。

采用试验的方法可以对斜拉桥锚固结构在静载作用下的应力分布及静力强度进行分析研究，但有些地方无法贴应变片（如焊缝处），无法得到细节处的应力分布情况数据。由于疲劳加载所采用的是简化后得到的疲劳载荷，而实际中桥梁在风载及车辆荷载下的作用下索力是随机变化的，在锚固结构的研究中索力主要是采用疲劳车加载来确定的。也就是说如何选择合适的疲劳加载车模型，将直接影响计算结果的准确性。所以说，单纯采用试验的方法往往不能得到较全面、准确的结果，而采用有限元分析则是可取的手段。

2000 年以后，随着有限元技术的发展，有限元理论分析与模型试验相结合的方法得到广泛应用。通过建立试验模型的有限元模型进行理论分析，了解应力分布、应力集中情况，来确定应变片的贴放位置，从而指导试验的进行；或者将试验结果和有限元分析结果进行对比验证。

2000 年，刘庆宽、王新敏、强士中在《斜拉桥索梁锚固区附加弯矩对梁体受力的影响》一文中通过空间有限元软件模拟，指出斜拉索索力产生的弯矩在主梁腹板上引起的应力在总体应力中只占很小的比例，因此通过减小附加弯矩来调整主梁腹板中应力的方法是无效的。

2001 年，刘庆宽等在《南京长江二桥南汊桥索梁锚固足尺试验模型研究》一文中进行了南京长江二桥锚箱的静载模型试验，对钢锚箱及其附近主梁的应力大小分布、应力集中情况进行了研究，并采用了有限元计算分析，将两种方法的结果进行了对比分析。

2004 年，颜海、范立础针对锚箱式索梁锚固结构中锚垫板与承压板之间的不焊接紧压密贴关系，分别采用等效板厚法与非线性接触单元法来模拟。研究结果表明，这两种方法对于钢锚箱的计算结果除锚垫板与承压板的局部外，其他部位的计算结果接近。

2005 年，西安交通大学鄢余文对安庆长江大桥索梁锚固结构进行了静载与疲劳试验研究，并采用有限元软件进行试验模型计算，其结果和试验数据吻合，一方面说明了试验数据是可信的，另一方面也验证了有限元分析的可靠性。

为了尽量真实地模拟钢锚箱及附近范围主梁腹板的受力状态，2006 年，万臻等人建立了四种不同长度与边界条件的有限元模型（一个梁段两端固结、一个梁段悬臂状态、两个梁段悬臂状态、两个梁段两端固结），并通过对比分析，选取较为合理的计算模型。他们认为，除采用在一个梁段两端固结这种方式外，其余三种均可较好地模拟出钢锚箱在实桥中的受力状态。

2007 年，万臻、李乔在上面结论的基础上，针对实际钢锚箱结构中，锚垫板的厚度有时远大于承压板的厚度这一现象，采用实体单元模拟锚垫板、壳单元模拟承压板，并建立了非线性接触单元，通过模型试验证明了采用实体单元加接触单元的方法分析钢锚箱，基本能反映其受力状态。

2022 年，张清华、李乔针对苏通大桥索梁钢锚箱，在模型试验验证的基础上对该结构进行了细致、全面的有限元分析。结果表明，锚箱各构件受力特性存在较大差异，且均存在不同程度的应力集中现象；锚箱顶、底板虽然长度不同，但基本承担了相同的外荷载；锚箱中板件设计厚度的改变主要影响该板件平均应力和最大应力，而钢箱梁腹板厚度及锚箱主要板件设计长度的改变则会对整个锚箱结构的受力特性产生显著影响。

第4章 索梁锚固结构的
疲劳性能研究

国内外由于索梁锚固结构的疲劳问题引起的事故较多。例如：1994年10月，韩国的圣水大桥发生疲劳断裂破坏（图4-1），造成54人死伤，经济损失上亿元；2001年11月7日，四川宜宾南门大桥吊杆发生疲劳破坏断裂，虽然没有造成人员伤亡，但是带来了巨大的经济损失。疲劳断裂是钢结构破坏的重要原因，占80%～90%，特别是在桥梁、航空、船舶、管道结构等领域中，因疲劳问题造成事故的事例数不胜数。过去，由于人们对疲劳的认识不足和疲劳理论知识的匮乏，许多原本可以避免和预防的疲劳事故依然发生。20世纪80年代，美国众议院科技委员会委托国家标准局进行过一次由于断裂所造成的损失的大型综合调查，该调查报告指出，各项工程结构的断裂使美国一年损失约1 200亿美元，而且还指出向工程技术人员普及关于断裂和疲劳的基本概念和知识，可以降低30%的损失。所以说，对于工程技术人员来说，学习并掌握断裂和疲劳的基本概念和知识是非常重要的。

图 4-1　韩国圣水大桥疲劳断裂事件

　　大跨度钢梁斜拉桥在活荷载的作用下，斜拉索会产生很大的索力幅值，相应会在索梁锚固区产生较大的应力幅，从而导致索梁锚固结构细节疲劳和断裂的概率明显增加，危害结构安全。因此，对索梁锚固结构的抗疲劳性能进行研究能够改善索梁锚固结构的疲劳设计。

4.1 疲劳研究的基本理论

4.1.1 疲劳研究的发展概况

　　随着科技的飞速发展和工业水平的不断提升，现代机械装备如高速列车、航空发动机、发电机组、重型压缩机等正逐步向高速化、大型化、复杂化和高性能化方向发展，这类机械装备的安全服役对保障国家经济利益和国防事业健康发展具有重要的意义和价值。在服役过程中，机械装备由于要在不同工况下不断完成启动、加速、减速、制动、停机等多重任务，其关键零部件或结构往往具有巨大的作用，其破坏方式常以腐蚀、磨损、疲劳断裂等形式呈现。其中，腐蚀和磨损的发展过程较慢，可通过定期检修和更换予以解决，而疲劳断裂则具有很强的隐蔽性和突发性，对机械装备的安全运行构成了严重威胁，一旦发生破坏，容易造成灾难性事故和生命财产损失。

疲劳破坏目前已成为大多数机械结构的主要失效模式之一。据统计，机械零构件由疲劳而引发的断裂破坏高达 50%～90%。疲劳现象已遍布航空航天、船舶、轨道交通、桥梁建筑等多个领域，由此引发的事故层出不穷。二战期间，美国的货船在运输过程中频繁发生故障，最终直接报废，其主要诱因就是金属疲劳。

1953 年 5 月，英国的一架"彗星"号客机从印度加尔各答机场起飞后不久在半空中解体；次年 1 月，另一架"彗星"号在地中海上空爆炸；同年 4 月又一架"彗星"号在罗马起飞后在空中爆炸……据统计，从 1953 年 5 月至 1954年 4 月，短短的 11 个月里，共有 9 架"彗星"号客机在空中解体；这 9 架飞机上的乘客无一生还，全部遇难。为了找到事故的原因，英国皇家航空研究院的工程师们进行了大量的调查取证，最终一致认定："杀手"为机身、机翼等部位的疲劳破坏。1969 年，美军一架 F-111 战机在进行低空飞行训练时发生坠落，人们根据飞机残骸检测报告发现，飞机上某个接头部件存在约一英寸的初始裂纹，该裂纹在飞机飞行过程中不断扩展并超过了临界尺寸，最终导致整机破坏。1979 年，美国一架巨型喷气客机在刚起飞不久就发生了引擎脱落，随即爆炸坠毁，机上人员无一幸免，此次事故的主要原因是引擎与机翼的螺栓连接处发生了金属疲劳，引擎燃烧爆炸。1998 年，德国发生了一起高速列车脱轨事故，造成重大人员伤亡，事故原因是列车车轮的轮箍部位发生疲劳破损，这也是德国历史上损失最惨重的铁路事故。2005 年，台湾一架华航班机在航行过程中因飞机后部的金属疲劳，酿成了机毁人亡的惨剧。2007 年，美国的 F-15C 战斗机在一次战斗飞行任务中突然解体，原因是机上起关键支撑作用的桁梁发生了金属疲劳。2011 年，北京发生了一起因地铁自动扶梯破坏致人员伤亡的事故，事后分析发现，连接电梯前座板与驱动主机的螺栓出现了疲劳裂纹，从而导致连环破坏。2012 年，哈尔滨阳明滩大桥通车不到一年就发生了坍塌事故，原因是大桥本身存在建筑质量问题，局部应力过高，引发疲劳断裂。因此，深入开展疲劳问题研究，精确地预测和评估结构的疲劳寿命，对于保障其在服役期安全、可靠运行，避免或减少重大事故和灾害发生，制定合理的维修决策方案，最大限度地发挥装备或结构的使用价值，提高经济效益，促进我国社会经济建设和可持续发展均具有重大意义。

　　"疲劳"作为专业术语，字面上的解释是"疲倦"或"劳损"。根据国际标准化组织提出的关于《金属疲劳试验的一般原理》的报告，疲劳可描述为：金属材料在反复的应力或应变作用下所发生的性能劣化现象。1979 年，美国试验与材料协会对疲劳的解释为：材料内部某点或某些点在反复的循环载荷作用下产生的局部永久性的结构变化，且在经历足够多的循环加载后形成裂纹并最终完全断裂。疲劳问题由来已久，按照时间节点，疲劳研究的发展历程如下。

　　自 19 世纪初，随着蒸汽机的问世以及其在航空航天、船舶、交通、桥梁建筑等领域的发展，疲劳现象层出不穷。疲劳研究最早始于 1829 年，德国相关领域的工程师针对矿山升降机焊接链条开展了一系列重复载荷试验，并发表了关于疲劳研究的报告。"疲劳"这个术语最早是由法国的 J. V. Poncelent 提出的，用于描述金属材料在承受交变循环载荷作用下的失效破坏过程。德国工程师 A. Wöhler 在 1847 年至 1889 年期间对金属疲劳现象做了全面、系统的试验研究，被誉为"疲劳试验之父"，并于 1850 年首次推出了疲劳试验机，用于机车车轴试验。通过大量的试验数据分析，A. Wöhler 在 1871 年发文，系统地阐述了循环载荷与疲劳寿命之间的关系，指出应力幅是引起疲劳失效的主要原因，并提出了应力-寿命曲线（S-N 曲线）和疲劳极限的概念，为金属疲劳研究奠定了基础。1874 年，H. Gerber 在 A. Wöhler 的试验数据的基础上研究了平均应力对材料疲劳寿命的影响，提出了描述应力幅和平均应力的抛物线方程。J. Goodman 对 H. Gerber 提出的方程进行了简化，提出了古德曼图，该图至今仍是工程中进行平均应力修正的重要依据。1884 年，J. Bauschinger 在 A. Wöhler

的疲劳试验中发现了材料弹性极限衰减的"循环软化"现象，提出了应力-应变迟滞回线，该现象后来被称为包辛格效应。

20 世纪初，随着光学显微镜的发展和应用，人们开始着重研究疲劳破坏失效机理。1903 年，J. A. Ewing 和 J. C. W. Humphrey 在金属材料中发现了循环载荷产生的滑移轨迹。1910 年，O. H. Basquin 提出了描述应力-寿命关系的经验公式，并指出应力与疲劳寿命的双对数图在较大的应力区域内呈线性关系。同年，L. Bairstow 通过程序疲劳试验研究了应力与应变的变化规律，对循环滞后回线进行了测定，发现疲劳破坏与形变滞后有关。1920 年，A. A. Griffith 提出了脆性断裂理论，根据试验研究得到玻璃的强度与微裂纹长度之间的计算公式，该式为断裂力学的发展奠定了基础，因此 A. A. Griffith 也被誉为"断裂力学之父"。1924 年，H. J. Gough 出版了《金属疲劳》一书，他在弯扭复合疲劳和疲劳机理方面进行了大量研究。1929 年，美国的 R. E. Peterson 研究了尺寸效应对疲劳寿命的影响，提出了理论应力集中系数。B. P. Haigh 研究了不同金属材料的缺口敏感性，根据缺口应变理论提出了内应力的概念，对缺口效应进行了合理解释。1936 年，O. J. Horger 和 T. L. Maulbetsch 指出结构表面辊压对裂纹形成有抑制作用。1937 年，H. Neuber 将应力梯度的概念应用于带缺口试件的疲劳强度分析，指出缺口根部的平均应力是决定疲劳强度的主要因素。

20 世纪 40 年代，C. B. Cepehceh 根据 S-N 曲线提出了等幅加载下的抗疲劳设计公式，将 S-N 曲线的倾斜段和水平段分别用于有限寿命设计和无限寿命设计，为常规疲劳设计奠定了基础。在变幅疲劳的有限寿命设计中，M. A. Miner 进行了大量关于疲劳损伤累积的试验研究，并基于 J. V. Palmgren 的研究工作，于 1945 年提出了著名的 Palmgren-Miner 线性损伤累积理论，该理论至今仍在工程上广泛应用。

20 世纪 50 年代后，随着伺服疲劳试验机和电子显微镜的问世，人们对疲劳的认知和研究上升到了新的发展阶段。1954 年，S. S. Manson 和 L. F. Coffin 在 NASA 刘易斯研究所进行了大量的低周疲劳试验，提出了描述塑性应变幅与疲劳寿命的 Manson-Coffin 方程，为局部应力应变法的研究奠定了基础。1956

年，S. S. Manson 和 Dolan 基于应变-寿命法和缺口根部分析理论，建立了带缺口试件的疲劳寿命估算方法。1961 年，H. Neuber 运用局部应力应变理论对带缺口的棱柱体进行疲劳寿命分析，提出了 Neuber 准则。1963 年，P. C. Paris 通过研究发现应力强度因子是控制裂纹扩展的重要参量，并在此基础上提出了著名的裂纹扩展速率公式——Paris 公式，为裂纹扩展寿命预测提供了有效途径，之后又提出了损伤容限设计法，使疲劳学与断裂力学逐渐融合。1967 年，R. G. Forman 将平均应力纳入 Paris 公式中，提出了 Forman 公式。1964 年至 1969 年，E. B. Haugen 研究了正态分布随机变量的代数运算，为应力-强度干涉模型求解可靠度提供了依据。1970 年，D. Kececioglu 基于强度干涉理论完善了疲劳可靠性设计方法。1971 年，W. Elber 根据裂纹闭合效应提出了有效应力强度因子的概念，认为裂纹闭合和裂纹扩展与应力比的大小有关。同年，R. M. Wetzel 构建了一整套适用于随机疲劳寿命估算的局部应力应变法。

目前，学术界和工程界正致力于解决材料和结构的疲劳问题，并对其高度重视，疲劳研究进入快速发展阶段。总体上，疲劳研究经历了从宏观现象上的认识到微观物理机制上的探究，再到多种学科交叉融合并存的发展方向。由于疲劳演化及其发展规律十分复杂，影响因素众多，因此在结构的设计中要全面评估每个技术环节对疲劳过程的影响。随着现代机械装备日益向高速化、大型化和复杂化方向发展，各种疲劳现象和事故屡屡发生，对疲劳问题的深入研究势在必行，结构抗疲劳研究是学术界和工程界的一项永恒课题。

4.1.2 疲劳的定义

关于疲劳的定义，这里引用美国试验与材料协会在"疲劳试验及数据统计分析之有关术语的标准定义"中所作的定义：在某点或某些点承受扰动应力，且在足够多的循环扰动作用之后形成裂纹或完全断裂的材料中所发生的局部的、永久结构变化的发展过程，称为疲劳。

第一，疲劳的发生需要有外部的扰动应力。所谓扰动应力，是指随时间变化的应力，也可以称为扰动作用，作用可以是力、应力、应变、位移等。

第二，疲劳是一个发展的过程。这与静载破坏是不同的，静载是一次性破坏，而疲劳是在扰动应力作用下逐渐发展的，裂纹的形成甚至结构断裂则是这一过程累计损伤的结果。

第三，疲劳具有明显的局部性。静载下的破坏与结构整体相关，而疲劳荷载下的破坏则源于结构高应力或高应变的局部，这种局部区域的应力或应变与众多因素相关，如外荷载的作用、构件截面尺寸的变化、温差、残余应力或材料的缺陷等，疲劳分析是以这些高应力或高应变区为研究重点的。

疲劳破坏指的是在远小于材料强度极限的循环应力作用下，材料发生脆性破坏的现象。另一种解释为结构在交变荷载作用下，能保持其功能的现象。这种交变荷载也叫作疲劳荷载。通常用应力循环来描述这种交变应力，交变应力作用一次，应力循环次数记为 1。典型的应力循环见图 4-2，具体参数描述如下。

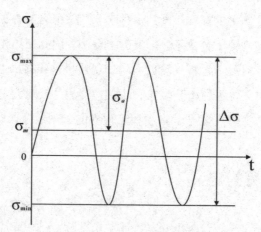

图 4-2　典型的应力循环

图中：

σ_{max}——最大应力；

σ_{min}——最小应力；

σ_m——平均应力；

σ_a——半应力幅；

$\Delta\sigma$——应力幅。

其中，$\Delta\sigma = \sigma_{max} - \sigma_{min}$，$\sigma_a = \Delta\sigma / 2 = (\sigma_{max} - \sigma_{min}) / 2$，$\sigma_m = (\sigma_{max} + \sigma_{min}) / 2$。应力比 $R = \sigma_{min}/\sigma_{max}$ 是用来描述不同的循环特征的，如当 $\sigma_{max} = -\sigma_{min}$ 时，$R = -1$，是对称循环；当 $\sigma_{min} = 0$ 时，$R = 0$，是脉冲循环；当 $\sigma_{max} = \sigma_{min}$ 时，$R = 1$，$\sigma_a = 0$，是静载荷。

疲劳破坏是结构在循环应力下累积损伤的结果，这种破坏最初往往是先出现微小的裂纹，然后裂纹在交变应力作用下慢慢扩展，最终扩展到临界状态而突然发生破坏。导致结构疲劳破坏的这种交变荷载的幅值远远低于材料的极限强度，甚至远低于屈服强度。疲劳破坏是先出现微观疲劳裂纹，这种微观的疲劳裂纹是很难观察到的，之后的裂纹扩展也不会使构件发生明显的尺寸变化。所以，结构破坏时无明显的塑性变形，事先没有预兆，破坏往往是突然发生的。

疲劳破坏与静强载破坏有着本质的区别，主要表现为：①低应力性，疲劳破坏是由交变载荷的反复作用造成的，载荷通常低于材料的抗拉强度或屈服强度；②渐变性，疲劳断裂并非一蹴而就的，需要经历相当长的时间或载荷循环才会发生，而静载破坏则是指在某一次最大载荷影响下出现的破坏；③突发性，无论结构的材料特性是否具有塑性或脆性，疲劳失效均表现为无显著塑性形变的突然破坏；④局部性，疲劳断裂通常发生在局部高应力集中区域，对结构的几何尺寸、形状、表面加工状况、环境条件等因素很敏感，而静强度断裂主要取决于构成材料的力学组织性能；⑤断口独特性，疲劳断口存在着明显的裂纹源、裂纹扩展区和瞬间断裂区，其中扩展区断面光滑，瞬断区断面粗糙。

疲劳是一个发展的过程，根据断口的特征，结构的疲劳破坏过程通常包括三个阶段，即萌生（Stage Ⅰ）、扩展（Stage Ⅱ）、断裂（Stage Ⅲ），如图4-3 所示。

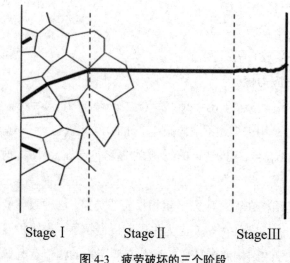

Stage Ⅰ   Stage Ⅱ   StageⅢ

图 4-3   疲劳破坏的三个阶段

4.1.2.1 疲劳裂纹萌生

疲劳裂纹萌生区与断口中的疲劳源区相对应，局部塑性应变是造成裂纹萌生的主要因素，这通常是由于结构设计、加工不合理导致的应力集中或表面损伤，使裂纹在构件的局部薄弱区域萌生。疲劳裂纹的萌生方式分为三种，即滑移带开裂、晶界或孪生界开裂、夹杂物或第二相与基体的界面开裂。其中，滑移带开裂是疲劳裂纹最基本的萌生方式。金属内部的薄弱晶粒处首先会发生塑性形变，使金属表面产生滑移痕迹线。在经历一定的循环加载后，金属内部会发生循环硬化或循环软化，滑移线不断增加，汇集成滑移带，并进一步发展为驻留滑移带，最终形成裂纹。疲劳裂纹萌生往往始于金属表面，这是由于实际构件的表面应力常高于内部应力；表面晶粒比内部晶粒受到的约束更少，易于产生滑移带；表面晶粒受环境介质因素的影响较大，如腐蚀、冲击、磨损等；构件表面在加工后常伴有划痕或擦伤，构件疲劳强度下降。

4.1.2.2 疲劳裂纹扩展

通常，疲劳裂纹扩展包含两个阶段，即第Ⅰ阶段和第Ⅱ阶段。在裂纹扩展的第Ⅰ阶段，驻留滑移带上产生的裂纹首先沿着与应力成 45°的滑移面方向扩展，具有结晶学的特性，且裂纹扩展速度很慢。通常，在滑移带上会萌生多条微裂纹，但绝大部分微裂纹早已停止扩展。随着载荷循环的持续作用，只有部分微裂纹会继续扩展并相互连接，裂纹长度可超过几十微米。在裂纹扩展的第Ⅱ阶段，裂纹扩展方向发生了改变，与应力保持垂直，继续延伸，最终演变为宏观裂纹，在此阶段裂纹已失去结晶学特性。

4.1.2.3 失稳断裂

疲劳演进的最终阶段是失稳断裂。随着裂纹的不断增长，结构件的有效承载面积逐渐减小，直至剩余断面无法承受外载荷时，出现失稳断裂，且整个破坏过程表现为瞬间断裂。从疲劳损伤的角度分析，失稳断裂意味着构件内部积累的损伤已达到临界损伤值；从疲劳裂纹的角度分析，失稳断裂是裂纹扩展至临界裂纹尺寸的一种表现，此时应力强度因子已达到临界值。失稳断裂与静强度脆断机理类似，区别在于二者的加载速率不同导致应力强度因子的临界值与静拉伸断裂塑性值有所差异。

疲劳破坏与静载破坏有着不同的特点，表 4-1 对两种破坏形式进行了比较。

表 4-1 疲劳破坏与静载破坏的区别

疲劳破坏	静载破坏
$S<S_u$	$S>S_u$
破坏是局部损伤累积的结果	破坏是瞬间发生的
断口光滑，有海滩条带或腐蚀痕迹，有裂纹源、裂纹扩展区、瞬断区	断口粗糙，新鲜，无表面磨蚀及腐蚀痕迹
无明显的塑性变形	韧性材料塑性变形明显
应力集中对寿命影响大	应力集中对极限承载能力影响不大

4.1.3 疲劳的分类

可以从不同的角度对疲劳进行分类。

根据研究对象，疲劳可以分为材料疲劳和结构疲劳两类。材料疲劳以材料的化学成分和微观组织为基础，以标准试件的疲劳试验为手段，获取疲劳断口的宏观和微观形貌，掌握材料的基本疲劳特性，研究材料的疲劳失效机理；结构疲劳则以局部构件或者整体构件为研究对象，对结构的疲劳性能、疲劳试验方法和疲劳评定方法进行研究。钢梁斜拉桥索梁锚固结构的疲劳研究就属于结构疲劳的研究范畴。

根据破坏时循环数，疲劳可以分为高周疲劳和低周疲劳。高周疲劳研究的是循环应力低于材料屈服强度的情况，其疲劳受应力幅控制，故又称应力疲劳，其失效循环数为 $10^5 \sim 10^7$ 周次；低周疲劳研究的是循环应力接近或超过材料的屈服强度的情况，其疲劳受应变幅控制，故又称为应变疲劳，其失效循环数为 $10^4 \sim 10^5$ 周次。钢梁斜拉桥索梁锚固结构的疲劳研究就属于高周疲劳的研究范畴。

根据荷载加载状态，疲劳可以分为单轴疲劳和多轴疲劳。单轴疲劳是指在单向循环应力作用下的疲劳，包括单向拉—压疲劳、单向弯曲疲劳和单向扭转疲劳等；多轴疲劳是指多向应力作用下的疲劳，也称为复合疲劳。

根据荷载作用的幅度和频率，疲劳可以分为常幅疲劳、变幅疲劳和随机疲劳三类。当循环应力的幅度和频率都是定值时为常幅疲劳；当循环应力的幅度发生变化，而频率不变时为变幅疲劳；当循环应力的幅度和频率都在随机变化时为随机疲劳。

4.1.4 疲劳的破坏机理

疲劳断裂的过程可以简单地描述为：在循环荷载作用下，零件关键部位的材料微观区域首先发生塑性变形，随着循环加载的继续，在这个关键区域的薄弱点上开始出现微裂纹；随着循环荷载的继续作用，微裂纹缓慢扩展，形成可见的宏观裂纹或工程裂纹；随着裂纹的进一步扩展，构件的断面强度进一步丧失，最终发生断裂。在这个过程中，零件的断裂面上依次形成了疲劳源区、疲劳裂纹扩展区和瞬断区。

金属大多为多晶体，因而包含着大量的单独有序晶体或晶粒。每个晶粒的机械性能和成序方向各不相同。在高应力作用下，材料晶粒容易发生滑移，滑移平面的方位与最大作用剪应力一致。在循环载荷作用下，材料表面发生滑移带挤出和凹入，进而在结构表面形成应力集中现象，微裂纹产生。滑移的发展与循环载荷的大小和次数有关。滑移一般发生于晶粒内部，由少数几条深度大于几个微米的滑移带穿过晶粒形成"持久滑移带"，"持久滑移带"继续发展就形成了微裂纹。微裂纹的方向与结构最大剪应力的方向基本上是一致的。

在循环载荷作用下，由持久滑移带形成的微裂纹将进一步扩展并相互连通，扩展的方向与最大剪应力作用面方向（大约与外荷载成 45°夹角）一致，当有少数几条微裂纹长度扩展到几十微米时，便会相互汇聚形成一条主裂纹，随着主裂纹的进一步发展，主裂纹的方向则会逐渐由最大剪应力面方向转向沿垂直于荷载作用线的最大拉应力面方向，如图 4-4 所示。

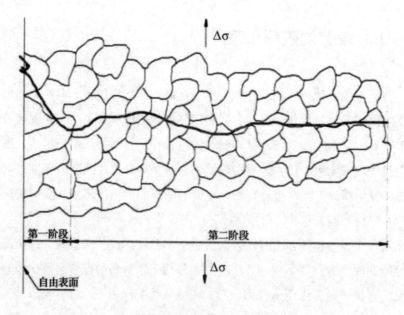

图 4-4　疲劳裂纹的萌生与扩展

由图 4-4 可以看出，裂纹的扩展由两个阶段构成，裂纹在最大剪应力面的扩展为第一阶段，在最大拉应力面的扩展为第二阶段。裂纹由第一阶段向第二阶段转变时，对应的裂纹尺寸主要是由材料的性质和作用应力的水平决定的。

C. Laird 通过对第二阶段裂纹扩展的观察，提出了描述疲劳裂纹扩展的"塑形钝化模型"，如图 4-5 所示。

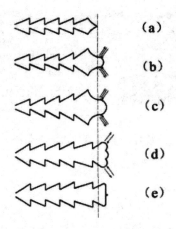

图 4-5　塑形钝化过程

图 4-5 中，图（a）是循环开始时裂纹尖端的形状，随着循环应力的增加，裂纹逐渐张开；图（b）是裂纹尖端的材料由于高度的应力集中而沿最大剪应力方向滑移；图（c）是循环应力进一步增加，裂纹充分张开，裂纹尖端钝化成半圆形，形成新的断裂面；图（d）是循环应力卸载时已经张开的裂纹要收缩，但新开创的裂纹面却不能消失，它将在卸载引入的压应力作用下失稳，从而在裂纹尖端形成凹槽形；图（e）是在最大循环压应力作用下，又成为尖裂纹，但长度已经增加了一个Δa。下一个循环，裂纹又张开、钝化、扩展、锐化，重复上述过程。

构件发生疲劳断裂前未有明显的塑形变形，这一点与脆性破坏极其相似，但疲劳破坏与脆性破坏的本质是完全不同的。疲劳破坏断口的特征如下。

第一，疲劳断口由裂纹源、疲劳扩展区和断裂区三个部分组成。

第二，裂纹扩展区断面较光滑、平整，通常可见"海滩条带"（图 4-6），有腐蚀痕迹；裂纹扩展区的大小、海滩条带的形状和尺寸及断口微观形貌等，可以为失效分析提供十分丰富的信息。

图 4-6 疲劳断口海滩条带图

4.2 抗疲劳设计方法

在机械设计中，工程结构与机械产品的设计方法大都仍以静强度设计为主。但对于服役载荷为循环加载的机械构件，除了采用传统的静强度设计方法，更重要的是要进行抗疲劳设计，以提高构件乃至整机或系统的可靠性、安全性，降低制造成本，缩短研制周期，最大限度地发挥其使用价值。目前主要有以下几种经常使用的抗疲劳设计方法，具体如下。

4.2.1 名义应力设计法

名义应力设计法又称为常规疲劳设计法，它是以名义应力为设计参数，通过考虑各种影响因素得到构件的 S-N 曲线，并以此进行抗疲劳设计的方法。名义应力设计法包含无限寿命设计法和有限寿命设计法。其中，无限寿命设计法以 S-N 曲线的水平段或疲劳极限为设计依据，它要求结构件在给定的设计应力下能够长期使用而不发生破坏，设计应力通常应小于或等于构件的疲劳极限。此类设计方法主要用于重型机械装备的结构设计中，如机床轴承、起重机臂架、汽缸阀门等。有限寿命设计法又称安全寿命设计法，它以倾斜段为设计依据，要求结构件在一定的服役期限内能够安全使用，是一种比无限寿命设计法更经济的设计方法，常用于轨道交通、压力容器和飞行器的结构设计中。

4.2.2 局部应力应变设计法

局部应力应变设计法是基于应变分析理论和低周疲劳失效而发展起来的一种抗疲劳设计方法。疲劳失效一般发生在应变集中区域的最大应变处，并在该处发生局部塑性形变，为裂纹萌生和扩展创造条件。最大局部应力和局部应变是进行结构强度和寿命估算的关键因素。对于有应力集中的结构件，其寿命可通过与之具有相同局部应力应变状态的光滑试件估算。

4.2.3 耐久性设计法

耐久性设计法是指在规定的使用条件下，保障零部件或结构具有一定抵抗开裂、剥离、热退化、腐蚀等能力的设计方法，它以寿命的经济性为设计目标。这种设计方法认为结构在使用前就已存在初始缺陷，随着载荷的持续施加，结构内部的裂纹和损伤不断积累，在载荷的持续作用下将导致结构性能劣化，增加维修费用。耐久性设计需要明确并合理度量疲劳过程中重要结构细节的状态特征，结合裂纹扩展理论预测结构的经济寿命，并以此制定相应的维修决策方案。目前，耐久性设计法已在飞机和重要的工程结构中得到应用。

4.2.4 损伤容限设计法

损伤容限设计法以断裂力学为基础，利用无损检测技术，对含有初始缺陷或裂纹的结构进行剩余寿命估算，确保结构在服役期内安全使用。裂纹扩展能力、剩余强度以及损伤检测手段是构成损伤容限设计的三个基本要素。损伤容限设计允许结构内部存在初始缺陷或在一定的使用期后出现裂纹，但需要保证结构在下一次检修前具有一定的剩余强度，并能正常工作，其设计的关键是要准确预测结构裂纹扩展寿命。因此，损伤容限设计需要制定严格的检修制度。目前，该方法已在飞机、焊接结构、压力容器等方面得到了应用。

4.2.5 概率疲劳设计法

概率疲劳设计法又称疲劳可靠性设计法，它通过引入概率统计理论并结合疲劳设计方法，实现机械结构的抗疲劳设计。前述四种抗疲劳设计方法均为确定性方法，即按照强度、载荷等设计变量的均值进行设计，变量的选取大都依据人们的主观经验。但在实际的工程中，这些设计变量均具有一定的分散性，以变量均值进行设计显然并不安全，而概率疲劳设计能够综合考虑各个设计变量的随机性，给出相应的分布规律和可靠度指标，切实保证设计出的产品或结构安全、经济、可靠。

综上所述，以上五类抗疲劳设计方法各有所长，不能相互替代。

其中，名义应力设计法在解决结构高周疲劳失效方面最为有效；局部应力应变设计法在解决结构低周疲劳方面具有先天优势，但需要结合损伤容限设计对结构剩余寿命进行合理估算；耐久性设计法是时下最具发展潜力的设计方法，它以确定结构的经济寿命为目标，综合考虑了结构的功能、安全性和经济性，并提供从设计制造到使用维护等多种技术细节；对于含初始缺陷或裂纹的结构件，损伤容限设计法是行之有效的解决方法和途径；为了考虑设计变量的随机性或分散性，需要将概率统计理论与传统的抗疲劳设计方法有效结合，实现疲劳可靠性设计，切实提高机械结构的可靠度。

4.3　疲劳寿命及预测方法

4.3.1 疲劳寿命

如果单纯从结构所受应力状态来分析，那么疲劳大体上可以分为单轴疲劳和多轴疲劳。单轴疲劳是指材料或零件在单向循环载荷作用下所产生的失效现象，这时零件只承受单向正应力（应变）或单向切应力（应变），如只承受单向拉—压循环应力、弯曲循环应力或扭转循环应力。多轴疲劳是指在多向应力或应变作用下的疲劳，也称复合疲劳。多轴疲劳损伤发生在多轴循环加载条件下，加载过程中有两个或三个应力（应变）分量独立地随时间变化发生周期性变化。这些应力（应变）分量的变化既可以是同相的、按比例的，也可以是非同相的、非比例的。

服役中的各种航空航天飞行器、压力容器、核电站、发电厂以及交通运输工具中的一些主要零部件，通常要承受复杂的多轴比例与多轴非比例交互循环载荷的作用。早期处理复杂应力状态下的多轴疲劳问题时，将多轴问题利用静强度理论等效成单轴问题，然后利用单轴疲劳理论处理复杂的多轴疲劳问题，这样的处理方法在处理比例加载下的多轴疲劳问题时是有效的。但实际工程结构和设备的重要结构零部件，很多是在非比例多轴加载作用下服役的。由于非比例加载下的结构疲劳行为特性远不同于单轴或比例多轴疲劳加载下的特性，尤其在非比例变幅加载下，不能像单轴加载情况那样进行简单的循环计数，因此单纯利用传统的单轴疲劳理论来预测其疲劳损伤将会产生很大的困难。

在多轴疲劳研究的初期，由于客观条件的限制，人们对多轴疲劳的损伤机理一无所知。在选择哪一个参量作为损伤参数这个问题上，只能依赖于推测。因此，早期的多轴疲劳破坏失效准则都是从当时已有的静强度理论出发，将其引入多轴疲劳研究中。在损伤参数的选择上，采用等效应力或应变为参数，将多轴应力应变的加载状态转化为等效的单轴应力（应变）状态，进而估算出零件的寿命。

最早的多轴疲劳估算方法主要基于三个准则。第一个是最大主应力（应变）准则，该准则认为即使在多轴应力状态下，材料的损伤也主要是由于最大主应力（主应变）造成的，而与其他因素无关。第二个是 Von-Mises 等效应力（应变）准则，该准则认为在多轴应力（应变）状态下，材料的损伤主要由 Von-Mises 等效应力（应变）所控制。第三个是 Tresca 最大切应力（切应变）准则，这种理论把损伤过程简单归结为只由最大切应力（切应变）来控制。对于比例加载情况，这些准则是简单实用的。但在非比例加载情况下，尤其是静水压力影响材料的疲劳寿命时，上述准则都不能得出较好的预测结果。因此，这些等效应力（应变）理论不能很好地应用于非比例加载下的多轴疲劳寿命估算。

J. D. Morrow 在 1965 年提出了能量法，认为塑性功的累积是导致结构疲劳破坏的主要原因。这种方法的核心思想是：在每一次循环中，零件或构件由于吸收了外界所施加的能量，其内部有了不可逆转的损伤。损伤的程度与所吸收能量的多少成正比。损伤逐步累积，一旦达到临界值，零件便会因疲劳而失效。

1973 年 M. W. Brown 和 K. J. Miller 在研究了大量多轴低周疲劳数据后得出结论：用一个参数描述多轴疲劳已不再有效，在描述疲劳过程时需要两个应变参数。他们提出必须考虑在最大剪应变平面上的循环剪应变和法向正应变，因为循环剪应变有助于裂纹成核，而正应变有助于裂纹扩展，这就是所谓的临界面法。后来发展的临界面理论在参数的选择上不仅考虑了应力、应变的大小，还考虑了应力、应变的方向，因此损伤参数更具有意义，同时也使得临界面理论更接近于实际，这为准确预测疲劳构件的寿命奠定了基础。目前，临界面法在多轴疲劳损伤与寿命预测研究中得到了广泛的应用。

实际应用表明，疲劳寿命具有较大的分散性，因此需要对其进行数理统计分析，考虑其可靠度。用概率统计方法处理疲劳试验数据是从 20 世纪 40 年代开始的。1949 年，W. Weibull 对疲劳强度进行统计分析。1959 年，J. A. Pope 提出疲劳试验数据符合对数正态分布。20 世纪 60 年代后期，概率疲劳分析和设计从电子产品发展到机械产品，并在航空领域需要的先导下，使概率统计理论在疲劳设计中得到了应用。1964 年至 1970 年，D. Kececioglu 等提出用应力强度干涉模型进行可靠性计算，这使疲劳强度可靠性研究得到了发展。

疲劳寿命是指结构件在循环载荷作用下发生失效前所经历的循环次数，或从开始受载直至最终断裂破坏所持续的时间。一般地，构件承受的应力水平越高，其疲劳寿命越短。为了确保机械结构在服役期内能够安全、稳定运行，避免或减少疲劳事故的发生，必须进行疲劳寿命预测，它也是抗疲劳设计的一项重要内容。随着人们对疲劳研究的逐步深入，国内外许多学者针对不同研究领域、行业以及对象，在大量试验和理论研究的基础上，提出了多种寿命预测理论和分析方法。

4.3.2 确定性的疲劳寿命预测方法

4.3.2.1 应力寿命法

应力寿命法又称为 S-N 曲线法，是现行使用范围最广的寿命预测方法，主要用于高周疲劳分析。对于高周疲劳，疲劳损伤和载荷历程由循环应力控制，弹性应变起主导作用，循环塑性应变很小，可以忽略不计。在工程上，S-N 曲线常用 Basquin 公式表示。此外，S-N 曲线还有其他三种常用的表现形式：幂函数式、指数函数式和三参数幂函数式。

4.3.2.2 应变寿命法

应变寿命法在低周疲劳分析和寿命估算中应用广泛。在低周疲劳机制下，材料或构件的水平较高，塑性应变起主导作用，材料或构件因塑性变形最终发生破坏，应变寿命法能够真实地反映结构的局部塑性受力状态。在工程上，塑性应变和疲劳寿命之间的关系常用 Manson-Coffin 方程表示。后来，S. S. Manson 和 M. H. Hirschberg 将弹性应变也纳入考虑范围，提出了总应变寿命预测公式。

为了考虑平均应力对疲劳寿命的影响，许多学者提出了相应的平均应力修正模型，主要包括 Morrow 弹性应力修正法、Marrow 总应变修正法、Sachs 塑性修正法、Manson-Halforld 修正模型、SWT 最大应力修正法、Endogan-Roberts 修正模型等。

4.3.2.3 应力场强法

应力场强法以结构材料的循环应力应变曲线为基础，根据弹塑性有限元法求解缺口根部的应力场强分布，结合应力寿命或应变寿命法，对含有缺口的结构件进行疲劳寿命估算。通常，结构件的薄弱区域源于缺口处，缺口部位的强度直接决定了整个结构的疲劳强度。根据疲劳失效机理和损伤发展的研究结果，姚卫星提出用应力场强来描述含缺口试件的损伤程度，并指出，若缺口试件的应力场强分布与光滑试件的场强分布相同，则二者的疲劳寿命也相同。

4.3.2.4 基于能量准则的寿命预测法

在本质上，疲劳是一个损伤不断累积和能量耗散的过程，能量准则能够揭示疲劳破坏的物理本质，可统一表征不同类型载荷产生的损伤。许多学者和专家根据应变能理论、能量耗散定律、熵守恒原理等，针对不同材料、载荷类型、平均应力、失效判据、失效机理等诸多因素，提出了大量疲劳寿命预测模型及其改进方法。其中，基于应变能理论的寿命预测方法在工程中的应用最为广泛。应变能密度参数是描述疲劳过程的重要参量，对于 Masing 的材料，J. D. Morrow 提出了基于塑性应变能理论的寿命预测模型。在疲劳演进过程中，塑性应变能和弹性应变能对裂纹萌生和裂纹扩展均有影响，K. Golos 基于总应变能理论提出了一种修正的疲劳寿命预测模型。

4.3.2.5 基于断裂力学的寿命预测法

断裂力学是固体力学的一个分支学科，主要研究工程材料与结构的裂纹扩展规律，即裂纹起裂条件、裂纹扩展过程和断裂判据。该理论包含线弹性断裂力学和弹塑性断裂力学，前者以裂纹尖端应力强度因子 K 为控制参量，后者常用 J 积分和裂纹张开位移（COD）作为断裂控制参量。对于含初始缺陷或裂纹的结构件，断裂力学法可以有效地评估其剩余寿命。在工程上，裂纹扩展规律常用 Paris 公式描述。倪向贵等阐述了 Paris 公式与传统 S-N 曲线之间的关系，并针对不同工程的实际问题提出了相应的修正公式。为了反映平均应力和断裂韧性对裂纹扩展速率的影响，R. G. Forman 提出了一种修正模型。此外，许多学者在 Paris 公式的基础上，通过考虑裂纹扩展过程中涉及的诸多因素，提出了多个修正公式，如 Walker 公式、Elber 公式、Kujawski 公式、Newman 公式、Willenberg 公式等。

4.3.2.6 基于连续损伤力学的寿命预测法

损伤力学也是固体力学的一个分支学科，它与断裂力学、疲劳分析理论都属于破坏力学的研究范畴。按照研究对象的特征，损伤力学可以分为连续损伤力学、细观损伤力学和基于细观的唯象损伤力学。其中，连续损伤力学是一种基于连续介质力学和连续介质热力学的唯象学，主要研究材料的宏观力学性能退化行为及损伤的发展和演化规律，而不深究损伤的细观物理过程。在工程上，针对疲劳损伤的研究，J. L. Chaboche 等提出了一种连续损伤力学模型，并用于疲劳寿命预测。对于含初始缺陷或损伤的结构，林有智等基于 Chaboche 模型通过理论推导得出了相应的寿命预测公式。

综上所述，以上六种确定性的疲劳寿命预测方法均具有一定的理论基础，都属于基于力学的研究方法，它们在机械结构的寿命预测和抗疲劳设计中发挥着举足轻重的作用。应力寿命法主要用于高周疲劳分析和名义应力设计，该方法涉及的参数较少、分析简便，并已通过疲劳试验积累了大量数据，但经验性较强，缺乏对实际过程中裂纹、损伤等物理因素的考虑。应变寿命法主要用于低周疲劳分析和局部应力应变设计，能够反映载荷循环的应力应变特性，对缺口疲劳分析十分有效，但该方法同样也具有较强的经验性。应力场强法能综合考虑缺口根部的应力梯度和应力场分布，符合失效机理，可用于低周、高周和多轴的疲劳分析研究，但其计算过程相对复杂。基于能量准则的寿命预测法能够揭示疲劳破坏的本质，具有较强的物理基础，但目前该方法的研究体系还不够充分，在实际的工程疲劳研究中应用较少。基于断裂力学的寿命预测法是损伤容限设计的基础，它较好地诠释了裂纹扩展机制，但由于初始裂纹尺寸难以确定以及裂纹扩展的随机性，该方法在实际应用中还存在一定的限制。基于连续损伤力学的寿命预测法通过定义损伤变量定性地描述疲劳失效过程，并定量地表征结构材料的损伤程度，物理意义明确，但理论模型涉及的参数较多，损伤和寿命估算的计算量较大，其应用也受限于某些特定的材料或结构。

4.3.3 其他疲劳寿命预测方法

除上述确定性的疲劳寿命预测方法外，人们根据实际需求还提出了考虑不确定性和基于信息新技术的疲劳寿命预测方法。前者的建模基础是概率统计理论、模糊集理论、Bayes 理论、区间理论等不确定性分析方法，后者则以遗传算法、神经网络、支持向量机等信息技术为建模依据。

理论上，疲劳寿命包括裂纹萌生、裂纹稳定扩展和裂纹失稳扩展（断裂）三个阶段。但考虑到裂纹失稳扩展是突然发生的，时间很短，可直接忽略不计。所以，一般疲劳寿命 N_t 为裂纹萌生寿命 N_i 和裂纹扩展寿命 N_p 两者之和，即 $N_t = N_i + N_p$。

　　在实际情况中，疲劳寿命往往只包括萌生寿命和扩展寿命中的一部分。这就需要人们自己来判断裂纹扩展的形式。例如，一些脆性材料的韧性非常低，一旦出现裂纹就会立即断裂，而没有裂纹扩展的过程，其疲劳寿命就只包括材料的萌生寿命，即 $N_t = N_i$。焊接、铸造的构件在制造过程中就产生了裂纹和缺陷，也就是说裂纹已经萌生，它们的破坏过程就只包括裂纹的扩展寿命，所以疲劳寿命 $N_t = N_p$。

4.4　本章小结

　　针对斜拉桥锚固结构的疲劳分析，最重要的是确定车辆荷载下斜拉索应力幅值。本书在计算锚箱疲劳寿命时，采用的是软件模拟计算方法，锚箱材料的 S-N 曲线是输入材料的各项参数后，FE-SAFE 软件自动生成的。由于锚箱材料一旦产生裂纹就不再适合承载，所以本次计算的疲劳寿命为材料的萌生寿命，不包括裂纹的扩展及断裂过程。

第 5 章　斜拉桥模型的建立
与受力分析

5.1　工程概况

以某双塔双索面大跨斜拉桥为工程背景，该桥边跨设置三个桥墩，是跨径为 100 m＋100 m＋300 m＋1 088 m＋300 m＋100 m＋100 m 的七跨双塔双索面扁平流线型钢箱梁斜拉桥，纵向带额定行程限位的粘滞阻尼约束、横向主从约束。全桥设置 136 对斜拉索，桥跨布置如图 5-1 所示。

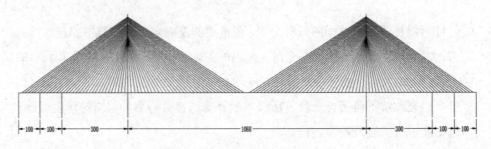

图 5-1　桥跨布置图（单位：m）

5.1.1 主要构件材料及性能

5.1.1.1 混凝土

索塔采用 C50 混凝土，过墩及辅助墩采用 C40 混凝土，承台采用 C35 混凝土，桩基础采用 C35 水下混凝土。

5.1.1.2 结构钢材

主梁采用 Q370qD、Q345qD 钢材，钢材屈服强度和容许应力随板厚度的变化根据《桥梁用结构钢》（GB/T 714—2015）的规定执行。

5.1.1.3 斜拉索材料

斜拉索材料采用 Φ7 mm 高强度钢丝，其弹性模量为 1.95×10^5 MPa，标准强度为 1 770 MPa，热膨胀系数为 0.000 012 1/℃。全桥共 $4\times34\times2=272$ 根斜拉索，规格为 PES7-139/151/187/199/223/241/283/313。

5.1.2 计算荷载

斜拉桥的索梁锚固区结构受活载作用引起索力变化而产生的影响较大。因此，除要求索梁锚固结构静力安全储备大于或等于其他上部结构构件外，还要求它具有足够的疲劳抗力和不低于其他上部结构构件的疲劳寿命。目前，国内外无论是汽车活载还是铁路活载，均要求在某种荷载强度下，通过 200 万次加载循环，这相当于设计的基准期为 120 年时，每天疲劳加载不少于 45 次。斜拉桥的索梁锚固结构疲劳设计一般不用活载满值，因为这样确定的荷载幅度是小概率事件，与经常发生的车辆荷载相差甚远，未免太过保守。通常取 0.5～

0.6 倍的活载应力幅值。尤其是公路活载，一般实测活载强度仅达到设计活载的 13%，特殊情况下可以达到 37%。对此，我国的铁路桥梁设计规范以及国外发达国家的桥梁设计规范均有明确的疲劳设计荷载要求。

美国 AASHTO LRFD 公路桥梁设计规范、英国桥梁规范 BS5400 以及欧洲规范 EN 1991-2-2003 中均有关于公路桥梁疲劳荷载的规定。国内铁道相关标准都以 Miner 线性累积损伤准则为依据，通过估算桥梁设计寿命期内能够引起疲劳损伤的车辆及荷载循环次数，计算这些车辆通过桥梁时产生的疲劳积累损伤。国内外的研究均认为只有较重的载重汽车（卡车）和火车才会引起桥梁疲劳损伤，而小型汽车不会引起桥梁的疲劳问题。认为总重在 30 kN 以上的车辆才会对桥梁产生疲劳影响，甚至欧洲相关规范只考虑了 100 kN 以上的车辆。我国公路规范中关于疲劳荷载的说明也有相关概念，"实际经常发生的荷载组合中的车辆荷载"应该就是指载重汽车。

在正常运营中，100 kN 以上的车辆只占桥梁全部通行汽车数量的一小部分。按照美国 AASHTO LRFD 公路桥梁设计规范的规定，只占 10%～20%（不同的公路类别不一样，城市少，乡村多）；按英国桥梁规范 BS5400 的规定，则占 20%～25%；欧洲相关规范规定在有 2 个以上车道且重车（毛重超过 100 kN）比例大的路段，每年每个慢车道重车有 200 万辆，相当于 5 479 辆/天，快车道按慢车道的 10%计算。我国 6 车道高速公路最大日交通量上限为 80 000 辆/天（见《公路工程技术标准》JTG B01—2014）。如果按英国桥梁规范 BS5400 规定的上限（25%）计算，且相邻车道年交通量与慢车道年交通量的比例为 1.5∶2，则一个方向能够引起桥梁疲劳的车辆数量为 10 000 辆/天，即重车（毛重超过 30 kN）在慢车道的有 5 714 辆/天，在邻车道的有 4 286 辆/天。欧洲相关规范规定的疲劳车辆相对较重，虽然数量少，特别是快车道的车辆数，但对于靠近慢车道的斜拉索，对其疲劳性能影响大的是慢车道的车，所以欧洲相关规范规定的一些荷载模式较为严格。

对于斜拉桥的索梁锚固区，其荷载幅度等于桥上疲劳加载引起的索力幅值。一辆车引起的索力变化主要取决于车的总重，与轴重的分布关系不大。

5.1.2.1 恒载

一期恒载：包括主梁、索塔、斜拉索及防腐材料的重力，混凝土索塔容重为 26 kN/m³，钢容重为 76.98 kN/m³，主梁及索塔按照实际断面尺寸计取，斜拉索按所需钢丝重力 G×（1＋10%）考虑（其中 10% 为防腐材料的重量）。

二期恒载：包括路缘石、防撞护栏、栏杆、灯柱、泄水管、桥面铺装等，梁内电缆、管线也包括在内，按 62.5 kN/m³ 计入。

5.1.2.2 活载

根据规范选用标准疲劳车进行加载。按规范，疲劳荷载只布置在慢车道及其相邻的车道上，也就是每一方向最靠边的两个车道。横向按六车道计算，汽车荷载车道系数可参考英国桥梁规范（BS5400：PART2-BD37/88），即第一车道 $\beta_1＝1.0$，第二车道 $\beta_2＝1.0$，第三车道到第六车道 $\beta_3＝0.6$。整个主梁汽车荷载车道系数为：$\beta_n＝1+1+4×0.6＝4.4$。

5.1.3　荷载组合

荷载组合情况如表 5-1 所示。

表 5-1　荷载组合情况

组合类别	荷载组合内容
组合 1	自重＋二期荷载
组合 2	自重＋二期荷载＋汽车荷载

5.2 有限元模型

人们采用 Midas/Civil 软件为该斜拉桥建立的三维有限元模型共有 1 020 个单元（748 个梁单元，272 个桁架单元）和 1 040 个节点。钢主梁和桥塔采用梁单元，斜拉索采用桁架单元建立。斜拉桥整体模型如图 5-2 所示。

图 5-2　斜拉桥有限元模型

该斜拉桥属于对称结构，本书取半边结构进行研究，左半边斜拉索编号如图 5-3 所示。

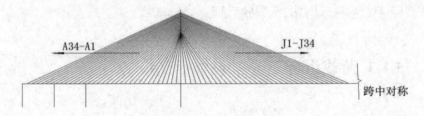

图 5-3　左半边斜拉索编号

5.3 荷载计算结果

通过建立的有限元模型，在"结构自重＋二期荷载"组合下，进行斜拉索的索力分析，将斜拉索索力的设计值与计算值进行对比（表 5-2）可知，除个别索的索力设计值与计算值的差值最大达到 7.54%外，其余索的设计值和计算值的差值基本上都在 5%以内，这说明有限元模型能很好地模拟斜拉桥的实际情况。

表 5-2　索力设计值与计算值对比表

索号	设计值（kN）	计算值（kN）	差值（%）	索号	设计值（kN）	计算值（kN）	差值（%）
A1	3 254	3 310	1.72%	J1	3 032	3120	2.90%
A2	3 471	3 420	－ 1.47%	J2	3 002	3030	0.93%
A3	2 960	3 037	2.60%	J3	2 701	2868	6.18%
A4	2 512	2 683	6.81%	J4	2 641	2789	5.60%
A5	2 564	2 720	6.09%	J5	2 508	2632	4.94%
A6	2 789	2 899	3.94%	J6	2 625	2801	6.70%
A7	2 889	3 037	5.12%	J7	2 834	3004	6.00%
A8	3 030	3 208	5.87%	J8	2 927	3 006	2.70%
A9	3 150	3 287	4.35%	J9	3 078	3 089	0.36%
A10	3 272	3 459	5.72%	J10	3 104	3 254	4.83%
A11	3 351	3 568	6.48%	J11	3 242	3 421	5.52%
A12	3 360	3 442	2.44%	J12	3 377	3 610	6.90%
A13	3 712	3 910	5.33%	J13	3 832	4 012	4.70%
A14	3 844	4 038	5.05%	J14	3 794	4 015	5.82%
A15	4 023	4 298	6.84%	J15	3 975	4 154	4.50%
A16	4 341	4 567	5.21%	J16	4 339	4 569	5.30%
A17	4 469	4 678	4.68%	J17	3 857	4 002	3.76%
A18	4 576	4 789	4.65%	J18	4 155	4 318	3.92%
A19	4 105	4 369	6.43%	J19	4 170	4 312	3.41%
A20	4 360	4 567	4.75%	J20	4 180	4 298	2.82%
A21	4 512	4 680	3.72%	J21	4 556	4 659	2.26%
A22	4 548	4 717	3.72%	J22	4 610	4 783	3.75%
A23	4 628	4 820	4.15%	J23	4 611	4 879	5.81%
A24	4 484	4 620	3.03%	J24	4 619	4 768	3.23%

续表

索号	设计值 （kN）	计算值 （kN）	差值 （%）	索号	设计值 （kN）	计算值 （kN）	差值 （%）
A25	4 861	4 920	1.21%	J25	4 770	5 023	5.30%
A26	5 234	5 263	0.55%	J26	4 911	5 178	5.44%
A27	5 225	5 247	0.42%	J27	5 010	5 156	2.91%
A28	4 900	5 234	6.82%	J28	5 145	5 234	1.73%
A29	5 150	5 219	1.34%	J29	5 413	5 647	4.32%
A30	5 300	5 461	3.04%	J30	5 532	5 687	2.80%
A31	5 710	5 630	− 1.40%	J31	5 740	5 896	2.72%
A32	6 034	6 063	0.48%	J32	5 887	6 330	7.53%
A33	6 385	6 033	− 5.51%	J33	6 133	6 403	4.40%
A34	6 961	6 631	− 4.74%	J34	6 591	6 479	− 1.70%

注：差值 $= \dfrac{\text{计算值} - \text{设计值}}{\text{设计值}} \times 100\%$。

本书选取的斜拉桥模型左半边斜拉索索力分布如图 5-4 所示。

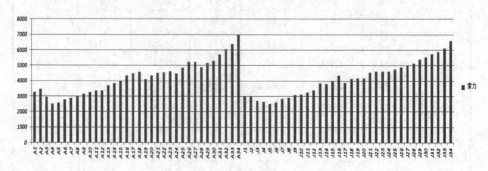

图 5-4　斜拉索索力分布图（单位：kN）

从表 5-2 和图 5-4 可以得到，斜拉索在荷载组合 1 下的索力由索塔处向两边呈现逐步增大的趋势。整个左半边结构中索力计算值最大为 6 631 kN，发生在外边跨 A34 号索上；中边跨 J34 号索，索力计算值也较大，达到了 6 479 kN。

表 5-3　组合 2 下索的索力变化幅值

索号	最大值（kN）	最小值（kN）	内力幅（kN）	索号	最大值（kN）	最小值（kN）	内力幅（kN）
A1	4 202	3 095	1 107	J1	4 012	2 893	1 119
A2	4 327	3 345	982	J2	3 989	2 851	1 138
A3	3 907	2 851	1 056	J3	3 741	2 520	1 221
A4	3 528	2 443	1 085	J4	3 627	2 481	1 146
A5	3 524	2 448	1 076	J5	3 501	2 377	1 124
A6	3 792	2 658	1 134	J6	3 597	2 425	1 172
A7	3 797	2 681	1 116	J7	3 835	2 665	1 170
A8	4 001	2 961	1 040	J8	3 901	2 728	1 173
A9	4 105	2 991	1 114	J9	4 002	2 878	1 124
A10	4 164	3 143	1 021	J10	4 089	2 905	1 184
A11	4 310	3 196	1 114	J11	4 235	3 023	1 212
A12	4 401	3 291	1 110	J12	4 403	3 178	1 225
A13	4 713	3 582	1 131	J13	4 854	3 653	1 201
A14	4 901	3 615	1 286	J14	4 832	3 605	1 227
A15	5 003	3 854	1 149	J15	4 985	3 781	1 204
A16	5 341	4 187	1 154	J16	5 321	4 119	1 202
A17	5 489	4 286	1 203	J17	4 960	3 611	1 349
A18	5 543	4 347	1 196	J18	5 104	4 024	1 080
A19	5 128	3 854	1 274	J19	5 145	3 945	1 200
A20	5 726	4 209	1 517	J20	5 169	4 019	1 150
A21	5 561	4 231	1 330	J21	5 578	4 312	1 266
A22	5 598	4 263	1 335	J22	5 616	4 515	1 101
A23	5 783	4 477	1 306	J23	5 764	4 410	1 354
A24	5 480	4 215	1 265	J24	5 714	4 438	1 276
A25	5 976	4 712	1 264	J25	5 814	4 598	1 216
A26	6 267	5 115	1 152	J26	6 006	4 701	1 305
A27	6 252	5 126	1 126	J27	6 098	4 831	1 267

索号	最大值 （kN）	最小值 （kN）	内力幅 （kN）	索号	最大值 （kN）	最小值 （kN）	内力幅 （kN）
A28	6 008	4 721	1 287	J28	6 243	4 946	1 297
A29	6 198	4 987	1 211	J29	6 524	5 112	1 412
A30	6 321	5 131	1 190	J30	6 612	5 311	1 301
A31	6 734	5 628	1 106	J31	7 005	5 617	1 388
A32	7 131	5 938	1 193	J32	7 124	5 696	1 428
A33	7 463	6 204	1 259	J33	7 321	5 934	1 387
A34	8 085	6 891	1 194	J34	8 050	6 367	1 683

从表 5-3 可以看出，荷载组合 2 作用（即自重＋二期荷载＋汽车荷载）下，斜拉索最大索力为 8 085 kN，为 A34 号斜拉索；索力变化幅值最大为 1 683 kN，为 J34 号斜拉索。J34 号斜拉索的索力值也较大，为 8 050 kN，和 A34 号索索力值接近。但 J34 号斜拉索的索力变化幅值远比 A34 号索大。综合考虑斜拉索所在的锚固结构的承载能力与疲劳性能，可以看出 J34 号斜拉索受力处于较不利的状态。

5.4 本章小结

本章介绍了某斜拉桥的工程概况，根据建立的斜拉桥有限元模型，进行荷载工况下的受力分析，了解斜拉索的受力情况，确定所要研究的具有代表性的索梁锚箱结构。通过计算分析得到以下结论。

斜拉索在荷载组合 1 下的索力由索塔处向两边呈现逐步增大的趋势。整个左半边结构中索力计算值最大为 6 631 kN，发生在外边跨 A34 号索上；中边跨

J34 号索，索力计算值也较大，有 6 479 kN。

　　荷载组合 2 作用下，J34 号斜拉索的索力值和 A34 号索索力值接近，均较大。但 J34 号斜拉索的索力变化幅值远比 A34 号索大。综合考虑斜拉索所在的锚固结构的承载能力与疲劳性能可知，J34 号斜拉索受力处于较不利的状态，在后文中宜选取 J34 号索所在的锚固结构进行分析。

第6章 锚箱模型的建立
与受力分析

6.1 概述

索力锚固结构是斜拉桥受力的关键部位，在设计时必须高度重视索力锚固结构的安全性。各国规范中都缺乏关于锚固结构设计的相关内容。在进行锚固结构设计时，要了解锚固结构的传力机理、应力分布及应力集中情况，从而为锚固设计服务。在过去的桥梁建设中，一般要通过锚固结构试验来评定结构的可靠性，而试验又往往要耗费巨大的人力、物力、财力。随着有限元技术的发展，以数值模拟的方式来研究锚固结构的应力分布情况成为可能。现在，在分析锚固结构时，往往事先通过对试验模型的有限元分析，来明确应变片的贴放位置，或是在试验后将试验结果与有限元分析结果进行对比，来验证结果的准确性。例如，在湛江海湾大桥、安庆长江大桥的锚固结构研究中，都进行了有限元分析验证。研究结果表明，有限元分析方法能很好地模拟锚固结构的应力分布情况，而且可以对试验无法验证的部位进行研究。

由于条件有限，这里不进行实验研究。本章旨在通过有限元软件对第5章提及的工程实例的锚固结构进行应力分析，了解该实际工程中锚固结构的应力分布及应力集中情况，从而对锚固结构在索力设计荷载下的静力强度作出总体评价。

6.2 锚箱结构简介

锚箱式索梁锚固结构具备整体性好、刚度大、传力合理、可靠性高等优点，因而在大跨斜拉桥建设中得到了广泛应用。钢锚箱由承压板、锚垫板、顶板、底板、加劲肋、腹板及侧板等多个板件组成，结构较复杂，在板件与板件相接的焊缝处易出现应力集中的现象。本节对整个锚箱进行模拟分析，以了解应力分布状况，查看在静力状态下作用结构是否满足强度要求，旨在对结构的安全性进行评价，为锚箱结构的设计提供理论参考。锚箱结构如图 6-1 所示。

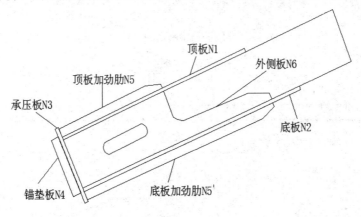

图 6-1　锚箱结构示意图

斜拉桥钢锚箱通过顶板 N1 与底板 N2，以及承压板 N3 与腹板之间的焊缝，锚固在钢箱梁腹板上，斜拉索传来的巨大集中索力通过与承压板紧密贴合的锚垫板传递到整个锚箱，再通过锚箱与腹板之间的焊缝传递到箱梁上去。为了使集中索力均匀、顺畅地传递到整个锚箱，与锚箱相连的腹板区域要加各种形式的加劲板补强。大桥箱梁上有很多钢锚箱，每个锚箱的尺寸大小、厚度及与桥面的夹角都不尽相同。本书篇幅有限，不可能对每个锚箱都进行建模分析，因此只选择一个梁段的锚箱进行分析，以得到具有代表性的结论。根据第 5 章的结论，选取设计荷载下索力值最大的锚箱进行分析。该锚箱所在梁段编号为

J 梁段，图 6-2 为 J 梁段钢箱梁断面图，该梁段上的钢锚箱编号为 M1，图 6-3 为 M1 钢锚箱结构立面图，图 6-4 为 M1 钢锚箱结构剖面图。钢锚箱与桥面的夹角为 20.28°。

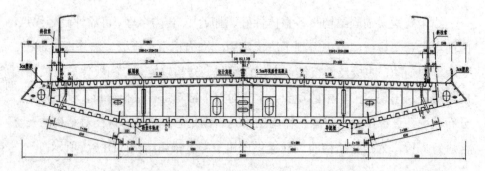

图 6-2　J 梁段钢箱梁断面图（单位：mm）

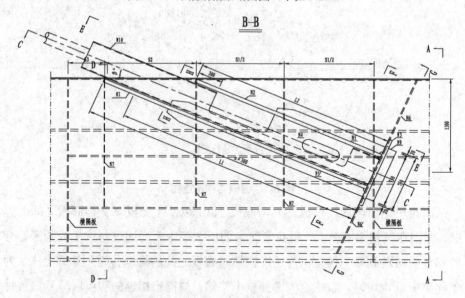

图 6-3　M1 钢锚箱结构立面图（mm）

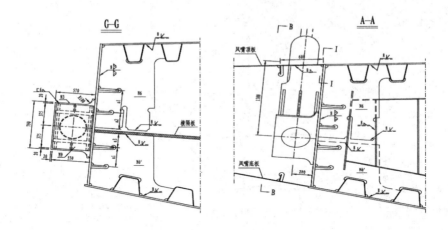

图 6-4　M1 钢锚箱结构剖面图（单位：mm）

6.3　有限元模型的建立

6.3.1　单元类型的选择

锚垫板采用实体单元 SOLID45 模拟，该单元有 8 个节点，每个节点有 3 个自由度（UX、UY、UZ），具有塑性、蠕变、膨胀、应力强化等功能。

可选择 SHELL181 单元来建立钢锚箱其他板件，该单元有 4 个节点，每个节点有 6 个自由度（UX、UY、UZ、ROTX、ROTY、ROTZ），具有应力钢化和大变形功能，对模拟薄壳及中等厚度的壳结构具有较高的精度。单元形式如图 6-5 所示。

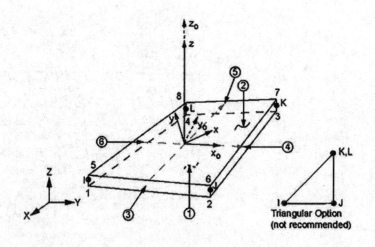

图 6-5　SHELL181 单元形式

6.3.2 材料特性

M1 钢锚箱各板件规格及材料特性如表 6-1 所示，Q370qD 钢材不同厚度板件的强度值如表 6-2 所示。

表 6-1　M1 钢锚箱各板件规格及材料特性

名称	规格（mm）	钢材种类	弹性模量（Pa）	泊松比
顶板 N1	48×550×4 294	Q370qD	2.1×1 011	0.3
底板 N2	48×550×3 001	Q370qD	2.1×1 011	0.3
承压板 N3	48×570×990	Q370qD	2.1×1 011	0.3
锚垫板 N4	110×535×750	Q345qD	2.1×1 011	0.3
顶板加劲肋 N5	30×112×1 500	Q370qD	2.1×1 011	0.3
底板加劲肋 N5'	30×112×2 800	Q370qD	2.1×1 011	0.3
外侧板 N6	30×430×2 800	Q370qD	2.1×1 011	0.3

表 6-2　Q370qD 不同厚度板件的强度值

牌号	厚度（mm）	屈服点（MPa）	抗拉强度（MPa）
Q370qD	≤16	370	530
	16～35	355	510
	35～50	330	490
	50～100	330	490

6.3.3 边界条件及加载模拟情况

采用子模型来分析局部应力时，要根据圣维南原理来确定结构尺寸和边界条件。有限元模型主梁长度沿纵向取一个梁段，横向沿横梁方向取一半，近桥塔侧的节段模型截面上所有节点固结；远离桥塔侧节段模型的截面上约束横向和竖向线位移；在横梁 1/2 剖面施加对称约束。考虑到锚垫板和承压板是紧密压贴，而非焊接在一起的，为保证模拟符合实际情况及求解精度，本书采用面面接触的非线性算法。垫板作为目标面采用 target170 单元模拟面接触，承压板作为接触面采用 contact173 单元模拟面接触。斜拉索传递的集中荷载等效为均布荷载，施加在承压板上。J34 号索所在的锚固区结构有限元模型如图 6-6 所示。

（a）锚固区实体模型

（b）锚固区结构离散图

图 6-6　锚固区结构有限元模型

6.4　恒载作用下的计算分析

J34 号索的荷载工况如表 6-3 所示。

表 6-3　J34 号索荷载工况

工况	荷载（kN）	说明
工况 1	8 050	1.0 倍最大设计索力
工况 2	11 270	1.4 倍最大设计索力
工况 3	13 685	1.7 倍最大设计索力

6.4.1　工况 1

在工况 1 下，J34 号索索力为 8 050 kN，将其等效为均布荷载后施加在锚垫板上，计算得到的钢锚箱等效应力云图如图 6-7 所示。

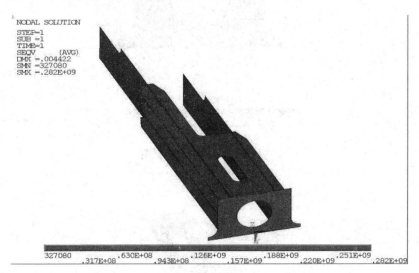

图 6-7　钢锚箱等效应力云图

从图 6-7 中可以看出，在工况 1 荷载作用下，整个锚箱的等效应力最大值为 282 MPa，小于板件材料的屈服强度。在承压板与腹板相连的焊缝两边角处产生应力集中的现象，但应力值小于 282 MPa。顶板、底板与承压板接触的区域应力值较大，往远离承压板的一侧应力逐渐减小。整个锚箱大部分区域的应力分布范围为 50~120 MPa，受力比较均匀。

锚箱各板件的等效应力云图如图 6-8 所示。

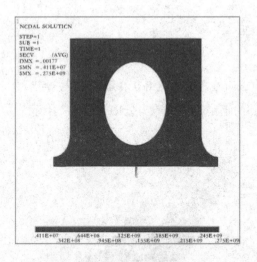

（a）承压板等效应力云图

（b）外侧板等效应力云图

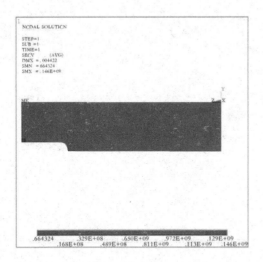

（c）顶板等效应力云图

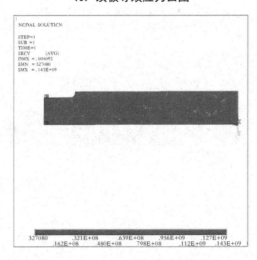

（d）底板等效应力云图

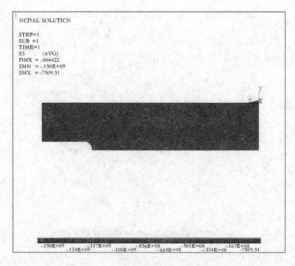

（e）顶板最大主应力云图

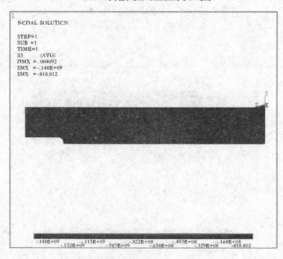

（f）底板最大主应力云图

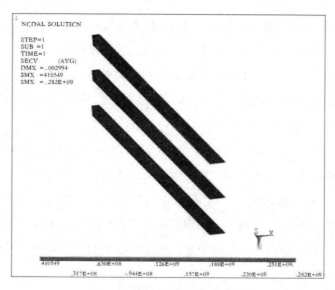

（g）顶板加劲肋等效应力云图

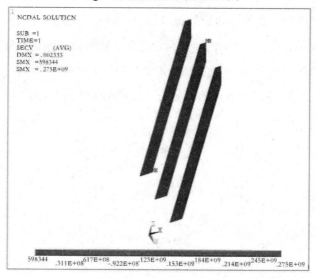

（h）底板加劲肋等效应力云图

图 6-8　锚箱各板件等效应力云图

从图 6-8（a）中可以看出，承压板与腹板相连的焊缝两边角处产生应力集中现象，等效应力最大值为 275 MPa，小于材料的屈服强度。从（c）、（d）

图可知顶板等效应力最大值为 146 MPa，位于顶板与腹板焊缝远离承压板的一端角点处，但远小于材料屈服强度，顶板与承压板接触的焊缝处应力较大，朝远离承压板方向应力逐渐减小。底板的等效应力分布趋势与顶板接近，最大值为 143 MPa。除局部小区域出现应力集中现象外，顶、底板等效应力分布在 40～70 MPa，应力分布较均匀。

从（b）图可知，锚箱外侧板等效应力最大值为 175 MPa，发生在截面突变的圆角过渡处。侧板与承压板接触的焊缝处应力较大，朝另外一侧应力逐渐减小。锚箱加劲肋等效应力分布范围为 60～120 MPa，靠近承压板的区域应力较大，而向另一端应力逐渐减小。加劲肋与承压板焊缝外侧角点等效应力值可达 282 MPa，出现小范围应力集中现象。初步判断为加劲肋限制了顶板和底板，导致其向两侧鼓起变形。

整个锚箱与腹板由三条焊缝相连，分别为顶板、底板、承压板与腹板之间的焊缝。其中顶板、底板与腹板的焊缝方向与斜拉索的方向一致，是整个锚箱的主要传力构件，底板、顶板的传力是否均匀、顺畅关系到整个锚箱的安全性，所以应重点分析焊缝处的剪应力。在 ANSYS 中设置底板、顶板与腹板相连处的焊缝路径，提取路径上节点的剪应力，焊缝剪应力分布如图 6-9 所示。

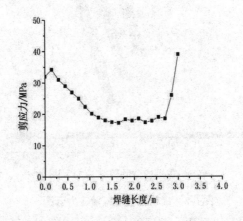

（a）顶板焊缝剪应力分布图

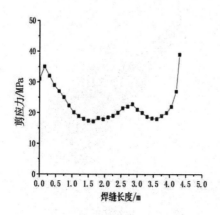

（b）底板焊缝剪应力分布图

图 6-9　顶、底板焊缝剪应力分布图

从图 6-9 中可以看出，顶、底板剪应力分布较均匀，大部分分布在 15～20 MPa。顶、底板与腹板焊缝处剪应力在靠近承压板的区域较大，在焊缝中间大范围内剪应力分布均匀，曲线平缓，远离承压板的一端焊缝剪应力有较大幅度上升，但仍远小于材料焊缝的抗剪强度值。剪应力集中于角点小范围处，大范围内剪应力分布均匀，说明顶、底板通过焊缝以剪应力的方式将大部分索力顺畅地传递到箱梁上。

6.4.2　工况 2

在工况 2 下，J34 号索索力为 11 270 kN，将其等效为均布荷载后施加在垫板上，计算得到的锚箱等效应力云图如图 6-10 所示。

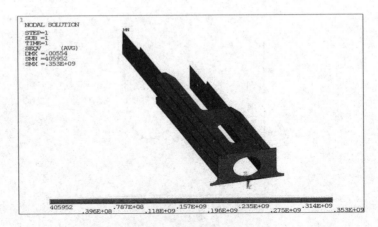

图 6-10　锚箱等效应力云图

从图 6-10 中可以看出，在工况荷载 2 的作用下，整个锚箱的等效应力最大值为 353 MPa，已经超过了屈服强度，发生在底板加劲肋与承压板焊缝外侧角点上。其中，超过屈服强度的范围非常小，而且超过屈服强度的应力为名义应力，而实际结构中会发生塑性应力重分布，超过屈服强度的应力不代表实际应力，只能判定该点屈服。整个锚箱的应力分布情况与工况 1 基本相同。

各板件的等效应力分布情况如图 6-11 所示。

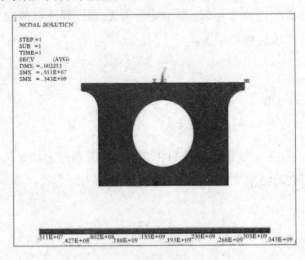

（a）承压板等效应力云图

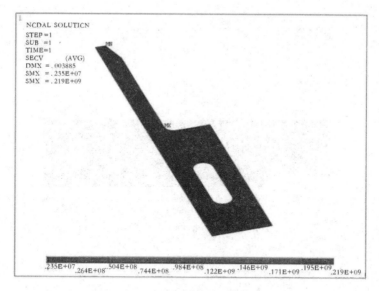

（b）外侧板等效应力云图

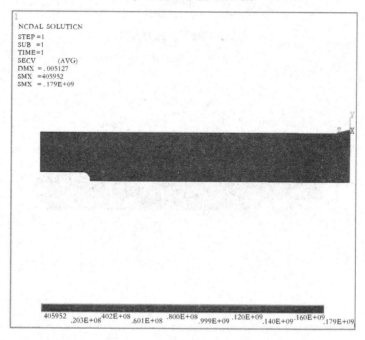

（c）顶板等效应力云图

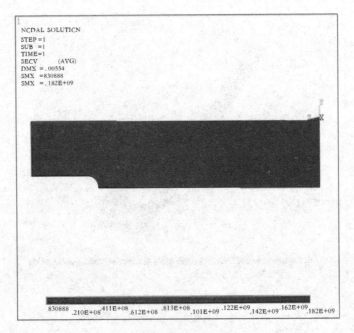

（d）底板等效应力云图

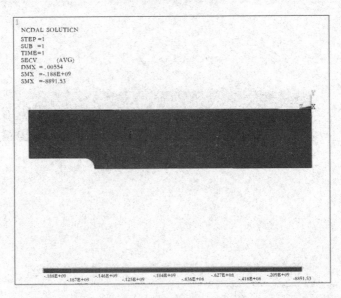

（e）顶板最大主应力云图

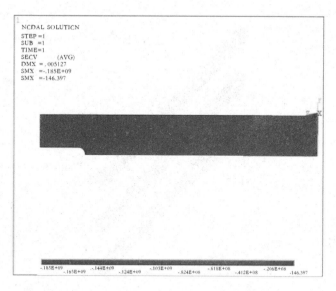

（f）底板最大主应力云图

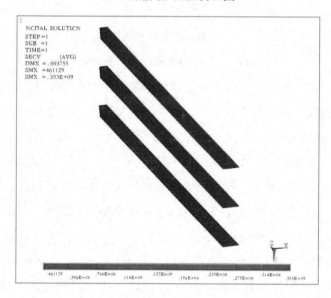

（g）顶板加劲肋等效应力云图

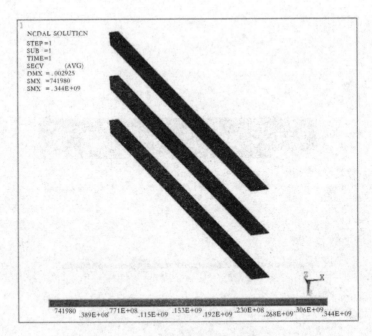

（h）底板加劲肋等效应力云图

图 6-11　锚箱各板件等效应力云图

　　从图 6-11（a）中可以看出，承压板上与腹板相连的焊缝边角点处等效应力值达 343 MPa，超过板件材料的屈服强度。从（g）、（h）可知，顶板、底板加劲肋上也有局部应力集中区域的应力值超过材料的屈服强度，最大等效应力值分别为 353 MPa、344 MPa。与工况 1 不同的是，等效应力最大值出现在顶、底板中间的加劲肋上，位置仍为加劲肋与承压板焊缝外侧。虽然锚箱上有两处等效应力超过了材料的屈服强度，但都在特别小的区域内，其他地方的应力值仍远小于材料的屈服强度。

　　顶板等效应力最大值有小幅度上升，达到 182 MPa，应力分布趋势与工况 1 情况下相似，底板等效应力最大值为 179 MPa。顶、底板等效应力分布在 60～100 MPa，大部分区域应力分布较均匀。另外，顶、底板与腹板焊缝处远离承压板的一端角点处出现应力集中现象，但等效应力值小于其屈服强度。

　　从图（b）可以看出锚箱外侧板等效应力最大值为 219 MPa，同样出现在截面突变的圆角过渡处。侧板与承压板接触的焊缝处应力较大，朝另外一侧应力逐渐减小。锚箱加劲肋等效应力范围为 70～150 MPa，靠近承压板的区域应力较大而向另一端应力逐渐减小。加劲肋与承压板焊缝外侧角点等效应力值可以达到 344 MPa，超过了屈服强度。

在 ANSYS 中设置底板、顶板与腹板相连处焊缝的路径，提取路径上节点的剪应力，可以得出焊缝剪应力分布情况，如图 6-12 所示。

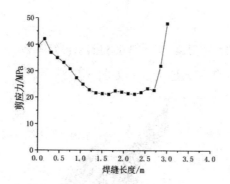

（a）顶板焊缝剪应力分布图

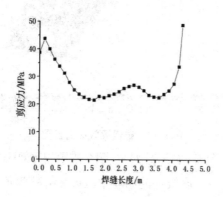

（b）底板焊缝剪应力分布图

图 6-12　顶、底板焊缝剪应力分布图

从图 6-12 中可以看出，顶、底板剪应力分布较为均匀，大多分布在 20～25 MPa。剪应力分布趋势为顶、底板与腹板焊缝处剪应力在靠近承压板的区域较大，在焊缝中间大范围内剪应力分布均匀，曲线平缓，远离承压板的一端焊缝剪应力出现局部应力集中现象，剪应力未超过容许应力值。焊缝大范围内剪应力分布均匀，说明顶、底板能通过焊缝以剪应力的方式将大部分索力顺畅地传递到箱梁上。

6.4.3 工况 3

在工况 3 下，J34 号索索力为 13 685 kN，将其等效为均布荷载后施加在垫板上，计算得到的锚箱等效应力云图如图 6-13 所示。

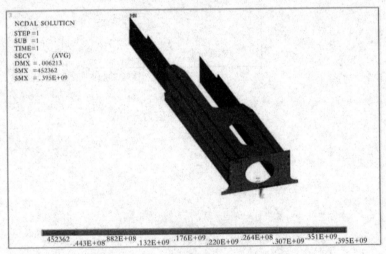

图 6-13　锚箱等效应力云图

从图 6-13 中可以看出，在工况 3 下，整个锚箱的等效应力最大值为 395 MPa，超过了屈服强度，发生在底板加劲肋与承压板焊缝外侧角点上。其中，超过屈服强度的范围非常小，而且超过屈服强度的应力为名义应力，而实际结构中会发生塑性应力重分布，超过屈服强度的应力不代表实际应力，只能判定该点屈服。其余部分的等效应力分布在 80～220 MPa，小于材料的屈服强度，整个锚箱的应力分布情况与工况 1、工况 2 基本相似。

锚箱各板件等效应力云图如图 6-14 所示。

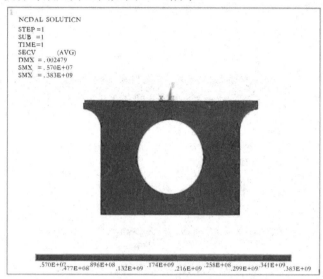

（a）承压板等效应力云图

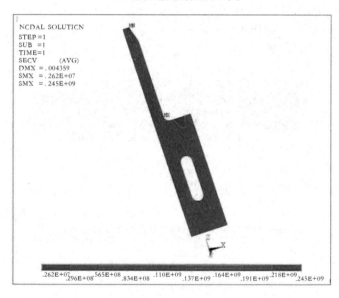

（b）外侧板等效应力云图

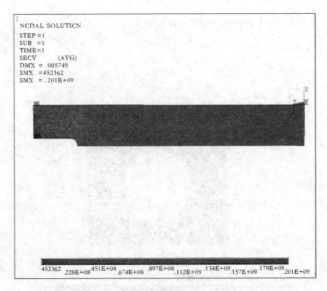

（c）顶板等效应力云图

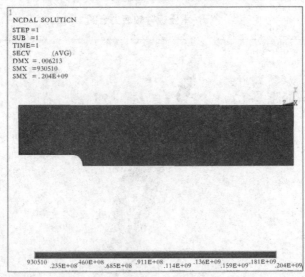

（d）底板等效应力云图

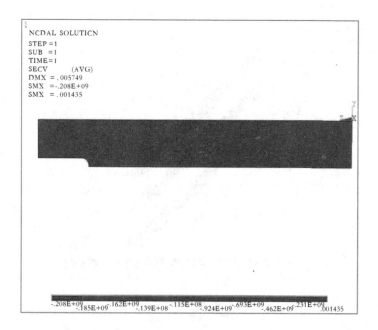

（e）顶板最大主应力云图

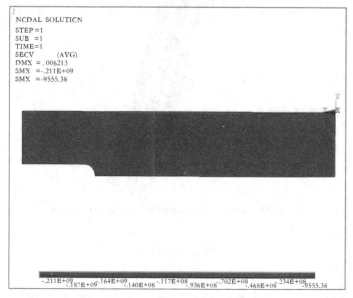

（f）底板最大主应力云图

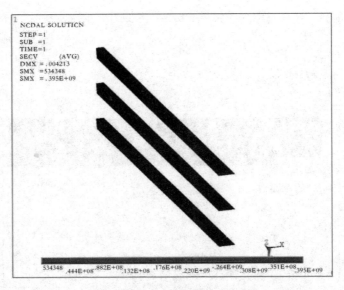

（g）顶板加劲肋等效应力云图

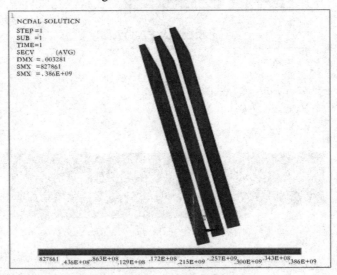

（h）底板加劲肋等效应力云图

图 6-14　锚箱各板件等效应力云图

从图 6-14（a）中可以看出，在 1.7 倍最大设计索力（13 685 kN）的作用下，承压板上与腹板相连的焊缝边角点处等效应力值可以达到 383 MPa，超过板件材料的屈服强度。承压板上顶、底板与承压板接触的地方应力值也较大，已达到 250 MPa，但远小于材料的屈服强度，结构静力强度在安全范围内。从图（g）、图（h）中可知，顶板、底板加劲肋上也有局部应力集中区域的应力值超过材料的屈服强度，最大等效应力值分别为 395 MPa、386 MPa。与工况 2 相同的是等效应力最大值出现在顶、底板中间的加劲肋上，位置仍为加劲肋与承压板焊缝外侧角点。虽然局部区域等效应力超过了材料的屈服强度，但都在特别小的范围内，其他地方的应力值分布在 50～100 MPa，仍远小于材料的屈服强度。

从图（c）、图（d）中可知，顶板等效应力最大值为 201 MPa，应力分布趋势与工况 1、工况 2 相似，底板等效应力最大值为 203 MPa。顶、底板等效应力大部分分布在 80～120 MPa，大部分区域应力分布较均匀。另外，顶、底板与腹板焊缝处远离承压板的一端角点出现应力集中现象，但等效应力值小于其屈服强度。

从图（b）中可知，锚箱外侧板等效应力最大值为 245 MPa，同样出现在截面突变的圆角过渡处。侧板与承压板接触的焊缝处应力较大，朝另外一侧应力逐渐减小。除应力集中处之外，其他地方的等效应力值分布在 50～120 MPa。锚箱加劲肋等效应力范围为 90～180 MPa，靠近承压板的区域应力较大，向另一端应力逐渐减小。加劲肋与承压板焊缝外侧角点等效应力值可达到 395 MPa，超过了材料屈服强度，该角点也是静载强度的控制点。

在 ANSYS 中设置底板、顶板与腹板相连焊缝的路径，提取路径上节点的剪应力，焊缝剪应力分布如图 6-15 所示。

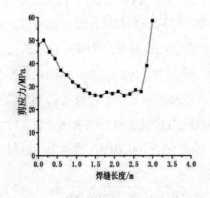 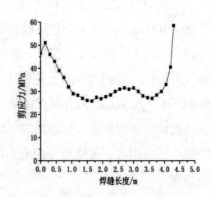

（a）顶板焊缝剪应力分布图　　　　　　（b）底板焊缝剪应力分布图

图 6-15　顶、底板焊缝剪应力分布图

从图 6-15 中可以看出，顶、底板剪应力分布较均匀，大部分集中在 25～30 MPa。剪应力分布趋势为顶、底板与腹板焊缝处剪应力在靠近承压板的区域较大，在焊缝中间大范围内剪应力分布均匀，曲线平缓，而远离承压板的一端焊缝剪应力出现应力集中现象。焊缝大范围内剪应力分布均匀，且远远小于材料焊缝的抗剪强度值。这说明焊缝传力性能良好，且有一定的安全性。

6.5　本章小结

本章借助 ANSYS 对锚箱结构在三种工况下的应力分布情况进行计算分析，得出如下结论。

在最大设计荷载作用下，整个锚箱板件的等效应力最大值为 282 MPa，小于板件材料的屈服强度。锚箱板件的等效应力值分布在 50～100 MPa，受力比较均匀。顶板、底板焊缝处的剪应力，除焊缝两端出现应力集中情况（剪应力达到 80 MPa，小于材料焊缝抗剪强度值）之外，焊缝中间大部分区域剪应力分布在 15～20 MPa，说明顶、底板焊缝传力较均匀、顺畅。整个锚箱在最大设计荷载作用下，静力强度满足要求。

在 1.4 倍最大设计荷载的作用下，承压板与腹板焊缝的两边角处产生应力集中现象，等效应力值为 343 MPa，超过了材料的屈服强度。另外，顶板、底板的中间加劲肋与承压板焊缝外边角处的等效应力值也超过了材料的屈服强度。其中，超过屈服强度的范围非常小，而且超过屈服强度的应力为名义应力，在实际结构中会发生塑性应力重分布。超过屈服强度的应力不代表实际应力，只能判定该点屈服。板件其余部分等效应力值也远远小于材料的屈服强度。

在 1.7 倍最大设计荷载的作用下，锚箱的应力分布情况和工况 1、工况 2 的情况相似，等效应力值超过屈服强度的发生点位置一样，等效应力最大值为 395 MPa。除局部区域应力集中等效应力超过材料的屈服强度外，大部分区域应力值较工况 1、工况 2 有一定的提升，分布范围为 150～200 MPa，也未超过材料的屈服强度。顶板、底板焊缝剪应力分布在 25～30 MPa。

在 1.7 倍最大设计荷载的作用下，锚箱结构受力良好，静力强度能满足要求。这说明锚箱结构在实际的工作状况下，能将巨大的索力顺畅地传递到主梁上去。锚箱结构在荷载下的静力强度能满足要求，且有一定的安全性。

第 7 章　FE-SAFE 分析钢锚箱的
疲劳寿命

7.1　概述

随着经济的快速发展，我国桥梁的营运荷载逐渐增大，大跨斜拉桥在车辆荷载下的疲劳安全问题引起了越来越多的关注。国内外桥梁由疲劳问题导致的破坏事故屡见不鲜。钢锚箱承受着斜拉索传来的巨大集中索力，应力分布复杂。而这种拉索应力随着桥面上的汽车荷载和其他活载的变化处于交变状态，在这种交变荷载作用下，斜拉索的疲劳安全性值得关注。本章研究斜拉桥在疲劳车荷载引起的斜拉索应力幅作用下锚箱的疲劳寿命情况，通过 ANSYS/FE-SAFE 软件计算索梁锚固区的疲劳寿命，并将计算结果以疲劳寿命云图和安全系数云图的形式直观地反映出来。

7.2 FE-SAFE 软件介绍

FE-SAFE 用户界面如图 7-1 所示。

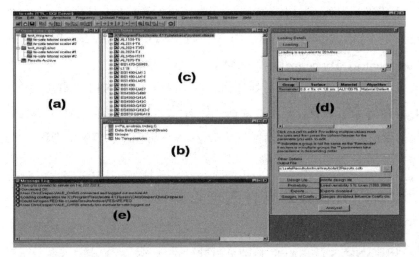

（a）—数据文件窗口；（b）—FEA 文件窗口；（c）—材料窗口；
（d）—FEA 疲劳对话框窗口；（e）—信息窗口

图 7-1　FE-SAFE 用户界面

7.2.1 FE-SAFE 的特点

FE-SAFE 不能独自完成疲劳计算，它通常与其他有限元软件联合使用，包括常用的 ANSYS、ABQUS。要想利用 FE-SAFE 进行疲劳分析，就要以其他有限元软件分析的结果为基础，并且通过 FE-SAFE 分析得到的结果也要送到其他有限元软件的处理器中进行后续处理。本次分析采用的是以 ANSYS 为前处理器的 FE-SAFE 疲劳分析模块，被称为 ANSYS/FE-SAFE。ANSYS/FE-SAFE 采用当前最先进的单双轴疲劳分析方法，能计算弹性载荷历程或弹塑性载荷历程，能综合考虑初始应力、平均应力、缺口敏感性、应力集中、表面光洁度等多种因素的影响，按照相应的累积损伤理论及雨流计数法，根据计算或测得的应力进行疲劳寿命分析和耐久性分析设计，或根据疲劳材料特性以及载荷的概率统计结果进行概率疲劳设计和疲劳可靠性设计。

ANSYS/FE-SAFE 软件结构明确，操作界面简单，与许多有限元软件有数据接口，包括 ANSYS、ABAQUS、FEMSYA、I-DEAS、Pro/Engineer、Pro/Mechanica、Hy-permesh 和 FAM 等。

通常将以 ANSYS 为前后处理器的模块记作 ANSYS/FE-SAFE 模块。它的核心是 FE-SAFE 软件，只不过前后处理由 ANSYS 来完成。ANSYS/FE-SAFE 模块由用户界面、材料数据库管理系统、疲劳分析程序和信号处理程序等组成。

7.2.2 FE-SAFE 软件的理论基础

利用 ANSYS/FE-SAFE 疲劳分析软件进行斜拉桥的疲劳寿命分析时可分两种情况，第一种是单一载荷历程作用下的寿命分析，第二种是多向载荷历程作用下的寿命分析。

7.2.2.1 单一载荷历程

一般情况下，FE-SAFE 的荷载文件采用的是单位荷载作用下的有限元分析的结果。如果有限元分析的结果不是单位荷载作用下的应力结果，要相应地将所加荷载乘以比例系数。对于每个节点，利用 ANSYS/FE-SAFE 疲劳分析软件计算六个应力张量的主要方法是用载荷的时间历程乘以相应的单位载荷的应力张量。若 FE 数据集的荷载工况是 P_{FE}，节点相应的弹性应力是 S_{FE}，$P(t)$ 是将要分析的载荷的时间历程，$P(t)$ 中一个数据点的数值是 P_k，那么，节点弹性应力时程为：

$$S_k = S_{FE} \left(\frac{P_k}{P_{FE}} \right) \qquad\qquad \text{（式 7-1）}$$

节点弹性应变时程为：

$$S(t) = S_{FE} \left[\frac{P(t)}{P_{FE}} \right] \qquad\qquad \text{（式 7-2）}$$

假如用户开始时设置了应力集中因子，那么应考虑应力集中因子的影响。当荷载为单一载荷历程这种情况时，由于每个节点主应力方向仍为初始的方向，此时只需进行单一疲劳分析。对于每个循环的疲劳累积损伤，软件都采用塔顶法先计算出应力的大小，然后用 Miner 准则计算每个节点的疲劳寿命。如果事先指定了疲劳设计寿命，FE-SAFE 软件将计算出达到设计寿命时的应力因子，也就是安全系数。

7.2.2.2 多向载荷历程

有限元的 Result 文件都应包含加载方向的单位载荷的弹性分析结果。每个单位荷载 ANSYS/FE-SAFE 软件都给出了六个应力张量，时间历程乘以应力张量就得到了应力张量的时间历程，然后加第一个载荷的时间历程。重复此过程就能得到所有载荷总的应力张量的时间历程。多向载荷历程示意图如图 7-2 所示。

节点弹性应力为：

$$S = (S_{FE})_P (P/P_{FE}) + (S_{FE})_Q (Q/Q_{FE}) + \ldots \qquad \text{（式 7-3）}$$

式中：

S——6 个应力张量分量中的一个分量瞬态值；

P_{FE}——用于 FE-SAFE 数据集的载荷；

$(S_{FE})_p$——对于节点上载荷 P_{FE} 的弹性应力；

P——载荷 $P(t)$ 的时间历程中的瞬态值；

Q_{FE}——用于第二个数据集的载荷；

$(S_{FE})_Q$——对应节点上载荷 Q_{FE} 的弹性应力；

Q——载荷 $Q(t)$ 的时间历程中的瞬态值。

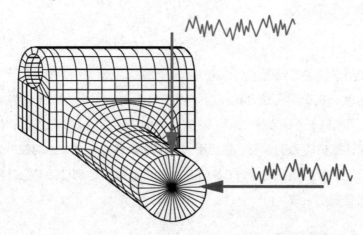

图 7-2　多向载荷历程示意图

多向载荷历程也是根据 Neuber 法则来求解交变屈服所带来的应力应变结果。与单一载荷历程不同的是，多向载荷历程在加载过程中主应力将改变方向，程序采用雨流计数法计算剪应变或正应变，同时计算出每个循环的疲劳损伤。如果事先指定了设计寿命，FE-SAFE 软件将计算出达到设计寿命时的应力因子，也就是安全系数。另外，ANSYS/FE-SAFE 还有一个特别功能——利用数据集序列包对构件在序列工况作用下的疲劳寿命进行分析。数据集序列来自两方面，一是有限元瞬态分析结果，二是通过假定的离散事件获得。事先为数据集规定顺序和给定比例因子，数据集序列在一个数据集文件中被指定。每个数据集一般能指定不同的比例因子，数据集也能重复出现。对于每个节点，ANSYS/FE-SAFE 首先利用软件内部模块产生一个应力张量，接着换算成对应的受力状态下的应力，最后进行疲劳分析，得到构件的疲劳寿命。

7.2.3 FE-SAFE 分析过程

第一步，有限元计算。

第二步，有限元结果读入。

第三步，疲劳荷载定义。

第四步，材料参数输入。

第五步，疲劳计算。

第六步，疲劳计算结果查看（疲劳寿命云图）。

7.3　疲劳加载幅值的确定

在计算桥梁锚固结构的疲劳寿命时，符合实际情况的疲劳荷载是准确计算疲劳寿命的前提和基础。

我国《公路钢结构桥梁设计规范》（JTG D64—2015）指出："承受汽车荷载的结构构件与连接，应按疲劳细节类别进行疲劳验算。"由于实际中车辆荷载是随机变化的，所以确定符合实际情况的车辆荷载十分困难。若采用静力强度计算得出的应力幅又太过保守，与实际情况不符。

我国铁路桥梁设计规范以及国外的桥梁设计规范都规定在进行疲劳荷载计算时要采用标准疲劳车荷载模型。在具体的工程中，由于交通量不同，标准疲劳车荷载模型往往不能代表实际的车载情况。本书根据现场统计的各车型比例及车重均值，采用 Miner 线性累积损伤理论计算等效疲劳加载车重。现场交通量调查的各种车型所占比例如表 7-1 所示。

表 7-1　现场交通量调查的各种车型所占比例

车型	车重均值/kN	占交通比例	车型	车重均值/kN	占交通比例
小货	<20	13.6%	小客	<30	51.3%
中货	70	14%	大客	150	7.9%
大货	180	7%	集装箱	540	6.2%

根据 Miner 线性累积损伤理论，参考统计的疲劳车辆比例表，参照英国桥梁规范 BS5400，总重在 30 kN 以上的车辆才会产生疲劳影响。

标准疲劳加载车重量 W_e 计算公式为：

$$W_e = \left[\sum f_i w_i^5 \right]^{\frac{1}{5}} \qquad \text{（式 7-4）}$$

式中：

w_i——第 i 种疲劳车重量；

f_i——w_i 占总的交通量的比例。

代入表 7-1 的数据可得：

W_e＝（0.14/0.351×70⁵＋0.07/0.351×180⁵＋0.079/0.351×150⁵＋0.062/0.351×540⁵）¹ᐟ⁵

　　＝383 kN

由于斜拉桥跨度非常大，索力影响线加载长度较长，可认为车辆经过一次仅引起一次应力循环，循环次数也就是经过的疲劳车总数。J34 号斜拉索影响线如图 7-3 所示。

图 7-3　J34 号斜拉索影响线

将换算得到的标准疲劳车荷载模型加载到各个车道，得到 J34 号索的索力幅值，具体如表 7-2 所示。

表 7-2　J34 号索的索力幅值

荷载作用车道 i	索力幅值ΔS_i （kN）	$c_i = \Delta S_i / \Delta S_1$	a_i
1	49.9	1	1
2	47.8	0.958	0.75
3	45.5	0.912	0.75
4	36.5	0.731	0.75
5	34.3	0.687	0.75
6	31.7	0.635	1

注：1.$c_i = \Delta S_i / \Delta S_1$ 为疲劳车作用在不同车道时对应的索力幅值换算系数；

2.$a_i = N_i / N$ 为不同车道重车交通量换算系数；

3.邻车道与慢车道交通量比例为 2：1.5。

参考英国桥梁规范 BS5400，疲劳车只加载在慢车道与紧邻的车道上，即布置在 1、2、5、6 车道上。

根据设计资料，该桥的设计交通量为 63 552 辆/天，由表得知能产生疲劳的车辆（车重大于 30 kN）占总交通量的 35.1%。单车道日平均能引起疲劳的车辆交通量为 0.351×63 552＝22 306 辆/天。疲劳车辆经过一次仅引起一次应力循环，因此在一百年设计寿命内，单车道总的应力循环次数为：

$N = 22\ 306 \times 365 \times 100 = 814\ 169\ 000$

如果每个车道索力幅值按 Miner 等效原则均换算成$\Delta S_i = 49.9$ kN，则根据前文可知相应的等效循环次数计算公式为：

$$N_i = c_i \times N \times a_i \qquad （式 7-5）$$

慢车道和邻车道总的等效应力循环次数 N_T 为：

$$N_T = \sum N_i = N \times (1 + 0.958^5 \times 0.75 + 0.687^5 \times 0.75 + 0.635^5)$$
$$= 1\ 484\ 397\ 149$$

为了便于加载计算，根据 Miner 线性累积损伤理论，可以采用提高应力幅而降低循环次数的等效方法。200 万次疲劳寿命对应的疲劳曲线斜率的倒数为 3，如果按 200 万次进行疲劳加载，则应力幅应提高为原来的 n 倍：

$$n=\left(\frac{1\,484\,397\,149}{2\,000\,000}\right)^{1/3}=9.05$$

参考美国 AASHTO LRFD 公路桥梁设计规范，动荷载冲击系数取 1.15，则加载幅值为：

$\Delta\sigma=1.15\times9.05\times49.9=519.3\ \text{kN}$

此计算数据可以为下文分析提供参考。

7.4 FE-SAFE 疲劳分析

将之前荷载组合 1 下静力求解得到的 RST 文件导入 ANSYS/FE-SAFE 软件中，在 FE-SAFE 数据窗口中编辑对应幅值的常幅循环荷载。由于规范中没有关于锚箱结构疲劳细节（如疲劳性能曲线）的规定，本书在 FE-SAFE 软件中先对板件钢材材料性能，包括极限强度和泊松比进行定义，软件根据 Seeger 原理估算材料的疲劳性能曲线，设置循环极限为 10^7 次，计算锚箱疲劳寿命，得到疲劳寿命云图，如图 7-4 所示。

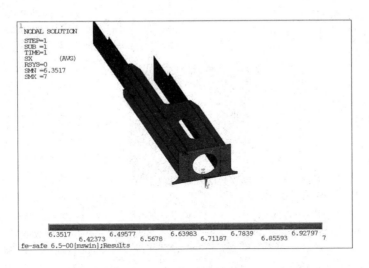

图 7-4　锚箱疲劳寿命云图

从图 7-4 可以看出，整个锚箱在索力应力幅的作用下，锚箱的疲劳寿命最低值发生在承压板与腹板焊缝的两边角处，疲劳寿命最低值为 $10^{6.351\,7}$ 次，大于 200 万次，规范规定钢材组成的结构构件（以焊缝处材料为标准）在相应应力幅的作用下循环寿命大于 200 万次，疲劳性能就满足要求。整个锚箱上其余区域疲劳寿命都大于 2×10^6 次。

各主要板件，包括承压板、顶板、底板的疲劳寿命云图与安全系数云图如图 7-5 所示。

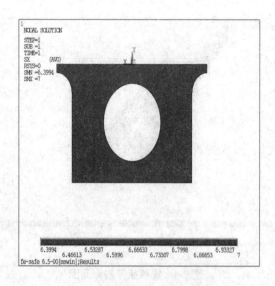

（a）承压板疲劳寿命云图

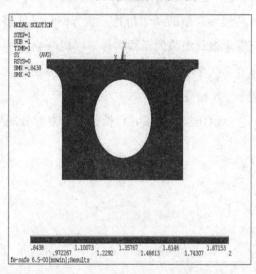

（b）承压板安全系数云图

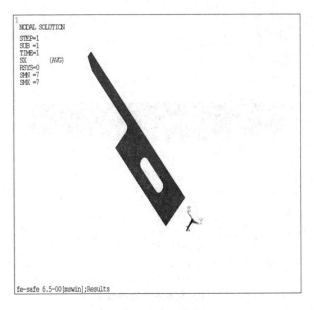

（c）外侧板疲劳寿命云图

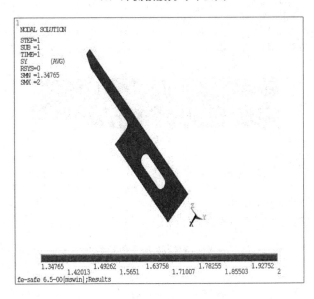

（d）外侧板安全系数云图

（e）底板疲劳寿命云图

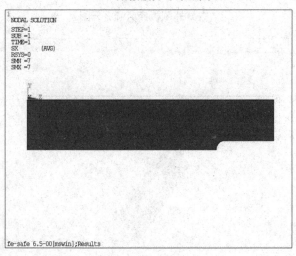

（f）底板疲劳寿命云图

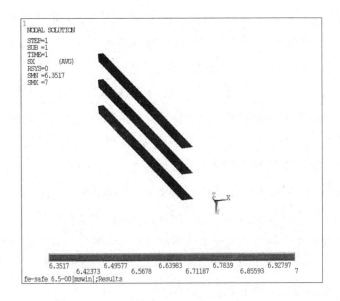

（g）底板加劲肋疲劳寿命云图

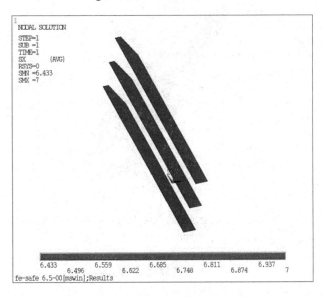

（h）顶板加劲肋疲劳寿命云图

图 7-5　各板件的疲劳寿命与安全系数云图

从图 7-5（a）可以看出，承压板上疲劳强度控制关键点的疲劳寿命为 $10^{6.399}$ 次，大于 200 万次，位于承压板与腹板焊缝的两边角处。从图（c）、图（e）、图（f）可知，顶、底板以及外侧板的疲劳寿命大于 2×10^6 次。外侧板的安全系数在板件截面突变的圆角处较低，但仍大于 1。从图（g）、图（h）可以看出，加劲肋与承压板焊缝的外边角上疲劳寿命值较低，底板加劲肋疲劳寿命最低值为 $10^{6.3517}$，顶板加劲肋疲劳寿命最低值为 $10^{6.433}$，能经历的循环次数均大于 200 万次。各板件在疲劳车产生的应力幅下，疲劳寿命均能满足要求。

在大跨桥交通量增加的趋势下，桥梁承受车辆超载作用的状况已成常态。大跨桥锚固结构在等效疲劳车作用下的应力幅，未考虑超载的情况。虽然锚固结构在等效疲劳车作用下的疲劳寿命均满足要求，但在超载情况的疲劳寿命未知。基于安全性考虑超载的极端情况，取 1.7 倍等效疲劳车作用下的索力幅值计算疲劳寿命，得到疲劳寿命云图，如图 7-6 所示。

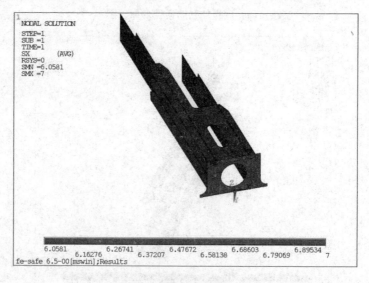

图 7-6　锚箱疲劳寿命云图

从图 7-6 可以看出，在 1.7 倍索力幅的作用下，整个锚箱疲劳寿命最低值为 $10^{6.058}$ 次，能承受约 115 万次荷载循环，小于 200 万次。该点为疲劳寿命控制关键点，在 1.7 倍索力幅作用下，疲劳寿命不能满足要求。整个锚箱其余部

分疲劳寿命都大于 2×10^6 次，说明除承压板与腹板焊缝的两边角处外，锚箱其余部分在 1.7 倍应力幅的作用下也不会出现疲劳问题。

在 1.7 倍等效疲劳车作用下，斜拉桥各主要板件，包括承压板、顶板、底板的疲劳寿命云图与安全系数云图如图 7-7 所示。

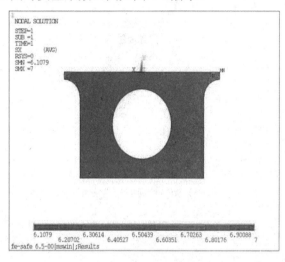

（a）承压板疲劳寿命云图

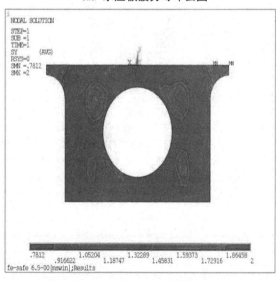

（b）承压板安全系数云图

（c）外侧板疲劳寿命云图

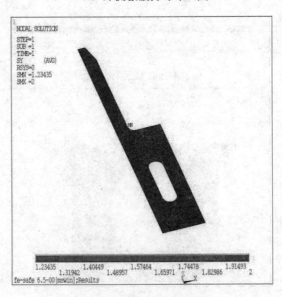

（d）外侧板安全系数云图

（e）底板疲劳寿命云图

（f）顶板疲劳寿命云图

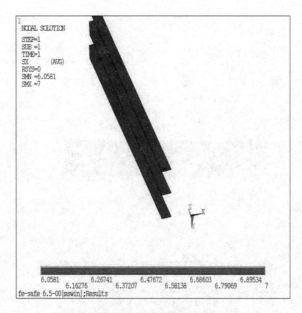

（g）底板加劲肋疲劳寿命云图

（h）顶板加劲肋疲劳寿命云图

图 7-7　各板件的疲劳寿命和安全系数云图

从图 7-7（a）可以看出，承压板与腹板相连的焊缝两边角疲劳寿命值较低，为 $10^{6.107\,9}$，小于 200 万次，该点为承压板上疲劳寿命的控制点。从图（c）、图（e）、图（f）可知，在 1.7 倍索力幅的作用下，顶、底板以及外侧板疲劳寿命均大于 2×10^6 次。外侧板板件截面突变圆角处的安全系数数值较低，但仍大于 1，说明顶、底板以及外侧板传力均匀、顺畅，抗疲劳性能良好。

从图（g）、图（h）可以看出，加劲肋与承压板接触的外边角上疲劳寿命值较低，底板疲劳寿命最低值为 $10^{6.058\,1}$，顶板疲劳寿命最低值为 $10^{6.136\,2}$，均低于 200 万次。由此可知，在 1.7 倍索力幅的作用下，组成锚箱的各板件除局部区域出现应力集中现象，疲劳寿命低于 200 万次外，其余地方的疲劳寿命值均大于 2×10^6 次，且接近 10^7 次或大于 10^7 次。

7.5　本章小结

本章通过 FE-SAFE 软件计算锚箱的疲劳寿命值，在确定疲劳索力幅值时，先调查现场交通车辆的情况，根据 Miner 等效损伤原理确定疲劳加载的疲劳车重，然后加载车道数据，得到符合实际情况的斜拉索的索力幅值 $\Delta\sigma = 519.3$ kN。最后，通过 FE-SAFE 软件计算得到疲劳寿命云图和安全系数云图，对锚箱各板件的疲劳寿命进行分析、评估。

在等效疲劳车产生的索力幅的作用下，整个锚箱的疲劳寿命最低值为 $10^{6.351\,7}$ 次，大于 200 万次。换算成能正常使用的时间年限为 112 年，大于 100 年的设计寿命。锚箱其他板件的疲劳寿命都接近 10^7 次，满足大于 200 万次循环次数的要求，这说明锚箱在等效疲劳车产生的应力幅的作用下，疲劳性能良好，不会产生疲劳破坏。

在考虑超载的极端情况下（1.7 倍索力幅），锚箱局部地方（承压板与腹板焊缝两边角处以及顶、底板中间加劲肋与承压板焊缝外边角处）疲劳寿命值低于 200 万次，疲劳寿命不能满足要求，但出现这种情况的地方非常少，这些区域为锚箱疲劳寿命控制设计的关键点。本书中 1.7 倍索力幅的作用是极端情况，一般情况下不会发生。总体来说，整个锚箱的抗疲劳性能良好。

第8章 锚箱板件参数分析

8.1 概述

斜拉索传来的巨大索力主要通过锚箱的承压板、顶板、底板与腹板的焊缝以剪应力的形式传递到主梁上去。这些板件是锚箱的主要受力构件，它的安全性、可靠性关系整个锚箱结构的安全，而各国规范对锚箱结构设计并没有给出较详细的说明，往往都是凭借经验或通过试验的手段来验证结构的可靠性。这样一来，往往要耗费较多的人力、物力、财力，并且不能形成统一的设计标准。锚箱板件的厚度、焊缝的长度以及构造形式都会对锚箱结构的受力产生影响，了解这些参数对锚箱结构受力的影响，对锚箱结构的设计有一定的指导作用。

本章通过 ANSYS 的 APDL 参数化语言，对锚箱主要传力板件进行参数化分析，包括承压板、顶板、底板厚度变化以及承压板与腹板连接处倒角的设置，以了解各参数变化对整个锚箱结构受力情况的影响。

8.2 承压板厚度变化

斜拉索传来的巨大索力直接通过锚垫板传递给承压板，承压板承受着巨大的压力，特别是在承压板与腹板焊缝处易产生局部应力效应。承压板的安全关系到整个锚箱的安全，如何选取承压板的厚度是设计者首先要考虑的问题。

选取 J34 号索所在的锚箱，荷载为最大设计荷载（工况 1），保持锚箱其他板件的参数不变，以承压板厚度为变量，分别取 32 mm、40 mm、48 mm、56 mm、64 mm 进行计算，研究承压板厚度变化对整个锚箱受力情况的影响。不同厚度承压板的等效应力云图如图 8-1 所示。

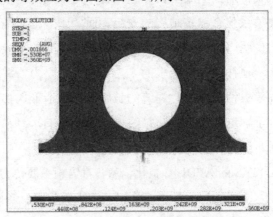

（a）32 mm 承压板等效应力云图

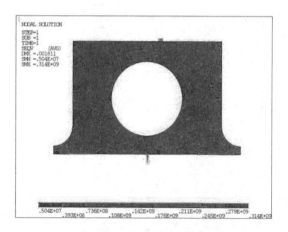

（b）40 mm 承压板等效应力云图

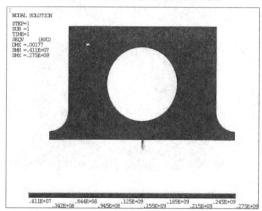

（c）48 mm 承压板等效应力云图

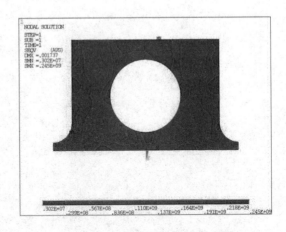

（d）56 mm 承压板等效应力云图

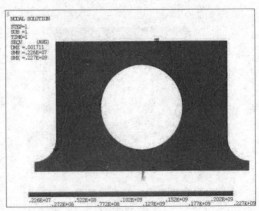

（e）64 mm 承压板等效应力云图

图 8-1　不同厚度承压板等效应力云图

　　从图 8-1 可以得到，随着承压板厚度的变化，承压板应力分布形式基本不变，仅是一些局部地方，比如顶、底板与承压板焊缝处及承压板与腹板焊缝处应力分布有些变化。随着厚度的增加，这些地方的应力明显减小，应力云图发生变化，但总体的分布趋势是相同的。不同厚度承压板的最大等效应力与位移如表 8-1 所示。

表 8-1　不同厚度承压板的最大等效应力与位移

厚度（mm）	32	40	48	56	64
最大等效应力（MPa）	360	314	275	245	227
最大位移（mm）	1.866	1.811	1.770	1.737	1.711

从表 8-1 可知，随着承压板厚度的增加，其最大等效应力逐渐减小，当板厚为 32 mm 时，承压板的最大等效应力为 360 MPa，超过了材料的屈服强度。当承压板厚度为其他数值时，最大等效应力均小于屈服强度。随着承压板厚度的增加，其最大等效应力减小，最大位移也逐渐减小，但变化幅度不大。可以说，承压板厚度的变化对外形变化的影响较小，但对承压板最大等效应力影响较大。承压板厚度不同时，锚箱各板件的最大等效应力值如表 8-2 所示，承压板不同厚度时锚箱各板件最大等效应力值曲线如图 8-2 所示。

表 8-2　承压板厚度不同时锚箱各板件的最大等效应力值

承压板厚度（mm）	锚箱各板件的最大等效应力值（MPa）					
	承压板	顶板	底板	外侧板	顶板加劲肋	底板加劲肋
32	360	147	144	175	355	362
40	314	146	144	175	310	317
48	275	146	143	175	275	282
56	245	145	143	174	248	255
64	227	145	143	174	226	233

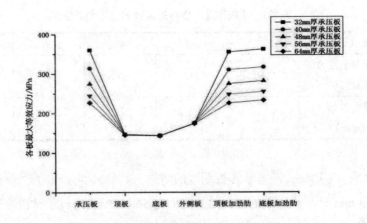

图 8-2　承压板厚度不同时锚箱各板件最大等效应力值曲线

　　从表 8-2 和图 8-2 可知，随着承压板厚度的增加，锚箱各板件最大等效应力变化总的趋势是逐渐变小，但各板件的变化幅度不尽相同。承压板厚度的变化对承压板、顶板加劲肋、底板加劲肋最大等效应力的影响较大。当承压板厚度为 32 mm 时，各板件的最大等效应力均超过了板件材料的屈服强度，随着承压板厚度的增加，最大等效应力迅速降低至小于屈服强度。承压板厚度的变化对顶板、底板、外侧板的最大等效应力几乎没有影响。

　　从以上分析可知，承压板厚度的变化对整个锚箱受力有相应的影响。随着承压板厚度的增加，锚箱结构越来越安全可靠。但承压板厚度的增加会相应地增大板件材料的消耗量，这不经济也不利于焊接，所以设计时应酌情考虑。另外，承压板厚度的变化对承压板的外形变化影响较小，可以忽略。

8.3 腹板厚度变化

斜拉索传来的索力先是通过锚箱传递到腹板上，然后通过腹板及腹板上的横隔板、加劲板传递到整个主梁上。锚箱通过与腹板间的三条焊缝以剪应力的形式传递到腹板上。可见，腹板受力的可靠性对整个锚箱的传力至关重要。腹板厚度的变化可分为 18 mm、24 mm、30 mm、36 mm、42 mm 五种情况。不同厚度腹板的最大等效应力及位移情况如表 8-3 所示。

表 8-3　不同厚度腹板的最大等效应力及位移

腹板厚度 （mm）	18	24	30	36	42
最大等效应力 （MPa）	341	312	278	241	207
最大位移 （mm）	2.79	2.113	1.816	1.602	1.523

由表 8-3 可知，腹板厚度变化时，其最大等效应力发生了较大的变化。当腹板厚度为 18 mm 时，腹板的最大等效应力为 341 MPa，超过了材料的屈服强度。随着腹板厚度的增加，其最大等效应力值逐渐减小。腹板厚度变化时，腹板的最大位移也发生了较大变化。腹板厚度为 18 mm 时，腹板的最大位移为 2.79 mm。随着腹板厚度的增加，其最大位移逐渐减小。由于腹板上锚箱区域附近设有多道横隔板及加劲板，整个腹板刚度较大，变形较小。腹板厚度不同时锚箱各板件的最大等效应力值如表 8-4 所示，腹板厚度不同时锚箱各板件最大等效应力值曲线如图 8-3 所示。

表 8-4　腹板厚度不同时锚箱各板件的最大等效应力值

腹板厚度（mm）	锚箱各板件的最大等效应力值（MPa）					
	承压板	顶板	底板	外侧板	顶板加劲肋	底板加劲肋
18	402	199	208	255	282	287
24	328	168	169	205	276	284
30	275	146	143	175	275	282
36	243	128	130	150	277	281
42	210	115	115	134	278	281

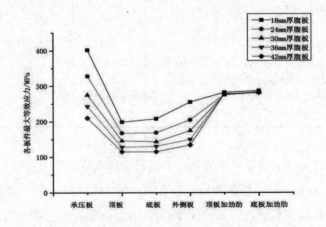

图 8-3　腹板厚度不同时锚箱各板件最大等效应力值曲线

从表 8-4 和图 8-3 可知，腹板厚度的变化对锚箱各板件的受力会产生较大影响。随着腹板厚度的增加，承压板、顶板、底板、外侧板的最大等效应力值逐渐减小。当承压板的腹板厚度为 18 mm 时，承压板的最大等效应力值为 402 MPa，远远超过了材料的屈服强度。同时可以看到，腹板厚度的变化对顶板加劲肋、底板加劲肋的最大等效应力影响较小，可以忽略不计。

通过以上分析可知，腹板的厚度对整个锚箱大多板件的受力影响较为明显。腹板的厚度取值太小，锚箱各板件等效应力值将会增大，会对锚箱结构产生不利影响，所以设计时腹板厚度不能偏小。若腹板的厚度取值太大，会浪费材料，影响焊接质量。另外，由于腹板上锚箱区域附近设有多道横隔板及加劲板，腹板刚度较大，所以腹板的变形基本上不受腹板厚度的影响。

8.4 顶、底板厚度变化

斜拉索传来的索力，主要通过锚箱顶、底板与腹板间的焊缝以剪应力的形式传递到腹板上，这个过程传递了接近 80% 的索力。顶、底板作为锚箱传力的主要板件，其传力可靠性关系整个锚箱的安全。顶、底板厚度是否会影响到锚箱的传力情况以及设计时厚度该取多少，各国规范中都没有相关的规定，往往是通过经验估计或试验验证，这样既不可靠也会消耗较多的人力、物力。同时改变锚箱顶、底板的厚度值，取 36 mm、42 mm、48 mm、54 mm、60 mm 五种厚度，顶、底板厚度不同时最大等效应力与位移如表 8-5 所示。

表 8-5　顶、底板厚度不同时最大等效应力与位移

顶、底板厚度（mm）	36	42	48	54	60
顶板最大等效应力（MPa）	166	154	146	138	132
顶板最大位移（mm）	4.673	4.508	4.422	4.292	4.174
底板最大等效应力（MPa）	176	158	143	135	129
底板最大位移（mm）	4.064	4.055	4.092	4.048	3.991

从表 8-5 可知，顶、底板厚度的变化，对顶、底板的最大等效应力值有一定的影响，但影响幅度不大。随着厚度的增加，最大等效应力值呈减小的趋势。当顶、底板厚度为 36 mm 时，顶板最大等效应力为 166 MPa，底板最大等效应力为 176 MPa；当顶、底板厚度增加到 60 mm 时，顶板最大等效应力为 132 MPa，底板最大等效应力为 129 MPa。可见，顶、底板的厚度变化对其最大等效应力值影响并不大。这也从侧面说明，顶、底板除焊缝两边角出现小范围的应力集中现象外，整个板件受力较均匀，传力也顺畅可靠。顶、底板最大位移值在 4 mm 左右，随着其厚度的增加，最大位移值变化很小。顶、底板厚度不同时锚箱各板件的最大等效应力值如表 8-6 所示，顶、底板厚度不同时锚箱各板件最大等效应力值曲线如图 8-4 所示。

表 8-6 顶、底板厚度不同时锚箱各板件的最大等效应力值

顶、底板厚度（mm）	锚箱各板件的最大等效应力值（MPa）					
	承压板	顶板	底板	外侧板	顶板加劲肋	底板加劲肋
36	284	166	176	176	285	294
42	281	154	158	176	281	288
48	275	146	143	175	275	282
54	273	138	135	171	270	277
60	271	132	129	166	269	272

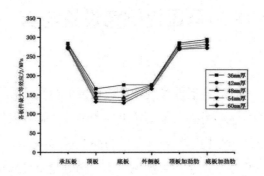

图 8-4　顶、底板厚度不同时锚箱各板件最大等效应力值曲线

　　从表 8-6 和图 8-4 可知，顶、底板厚度的变化对其自身最大等效应力值有一定的影响，但对锚箱其余板件的最大等效应力值影响较小。当顶、底板厚度从 32 mm 增至 60 mm 时，承压板最大等效应力降低 13 MPa；而外侧板最大等效应力变化更小，几乎可以忽略；顶板加劲肋和底板加劲肋的最大等效应力大约降低 20 MPa。随着顶、底板厚度的增加，其自身等效应力最大值减小，变化幅度在 35 MPa 左右。

　　通过上述分析可知，改变顶、底板的厚度对顶、底板的外形变化几乎没有影响，对顶、底板的最大等效应力值的影响也较小，这说明顶、底板的厚度对其受力与变形影响较小。但考虑到顶、底板主要是通过焊缝传力，焊接质量会直接影响锚箱的安全，若顶、底板厚度太大，会不方便焊接，也会严重影响焊接质量，所以顶、底板厚度不宜过大。与此同时，也要考虑顶、底板厚度对整个闭合锚箱刚度的影响，选取板件的最小厚度时也要考虑这些相关因素。

8.5 承压板倒角设置与否

在设计锚箱结构时，各板件厚度是比较重要的参数，它的取值会对整个锚箱的受力情况产生影响。另外一个比较重要的参数就是各板件的构造。对于锚箱来说，比较重要的一个构造就是承压板与腹板焊缝两边的倒角，该倒角设置与否会对锚箱的受力情况产生重要影响。本小节通过 ANSYS APDL 参数化语言，按照承压板设置倒角和不设倒角两种情况来分析该构造对锚箱受力的影响。承压板等效应力云图如图 8-5 所示。

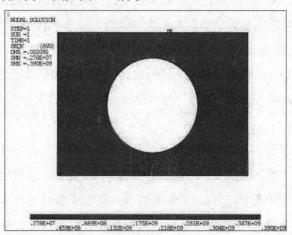

（a）不设倒角时承压板等效应力云图

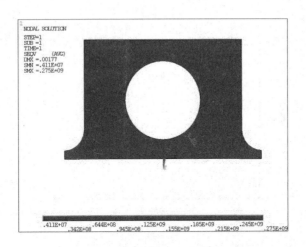

（b）设倒角时承压板等效应力云图

图 8-5　承压板等效应力云图

从图 8-5 可知，承压板设置倒角和不设置倒角时，承压板大部分区域应力分布形式相同，在顶、底板与承压板接触的焊缝处的应力值都比较大，均出现局部应力集中现象。而在承压板与腹板相连的焊缝两边角处应力分布不同，承压板设置倒角时，倒角处应力值较大（未超过屈服强度），而且比较均匀。在承压板不设倒角的情况下，在焊缝两边角非常小的区间出现了严重的应力集中现象。有倒角和无倒角时锚箱各板件最大等效应力值如表 8-7 所示，有倒角和无倒角时锚箱各板件最大等效应力值曲线如图 8-6 所示。

表 8-7　有倒角和无倒角时锚箱各板件最大等效应力值

单位：MPa

板件名称	无倒角	有倒角
承压板	390	275
顶板	152	146
底板	149	143
外侧板	203	175
顶板加劲肋	278	275
底板加劲肋	281	282

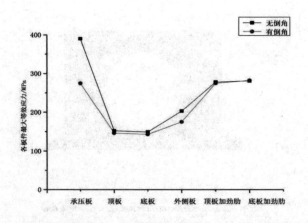

图 8-6 有倒角和无倒角时锚箱各板件最大等效应力值曲线

从表 8-7 和图 8-6 可知，倒角设置与否只对承压板受力产生的影响比较大，而对其他板件的影响非常小。当不设置倒角时，承压板最大等效应力值为 390 MPa，超过了材料的屈服强度，这说明不设倒角时，承压板焊缝两边角应力集中现象较为明显。设置倒角后，承压板的最大等效应力值为 275 MPa，应力集中现象得到明显改善。

承压板与腹板间的焊缝也是锚箱传力的重要部分，应避免出现超过屈服强度的应力集中现象，否则，在车辆荷载及其他活载循环作用下，焊缝应力集中处易发生疲劳破坏，危及桥梁的安全。上述分析表明，承压板设置倒角是改善焊缝边角应力集中现象的有效措施。

8.6　本章小结

本章通过 ANSYS APDL 语言对锚箱板件进行了参数分析，了解了板件厚度、构造变化对锚箱结构受力的影响，主要从改变承压板厚度，腹板厚度，顶、底板厚度以及承压板设置倒角与否这四个方面入手，得到的结论如下。

承压板厚度的变化对承压板、顶板加劲肋、底板加劲肋的最大等效应力影响较大，随着板厚的增加，应力值逐渐降低；对顶板、底板、外侧板的最大等效应力几乎没有影响，可忽略不计。当承压板厚度较小时，承压板、顶板加劲肋、底板加劲肋上的最大等效应力值超过材料的屈服强度。承压板的厚度变化对其外形变化影响较小。

腹板厚度变化对除加劲肋之外的锚箱其余板件的等效应力值的影响较大。腹板厚度较小时，承压板上的最大等效应力值超过了材料的屈服强度。

顶、底板厚度的变化只对顶、底板的等效应力值产生影响，且影响较小。而对锚箱其余板件的影响可以忽略。

承压板设置倒角与否对其受力情况影响较大，对锚箱其余板件的影响非常小。在不设倒角时，承压板应力集中区域的应力值超过材料的屈服强度；在设置倒角后，承压板应力集中的现象得到了显著改善。

第 9 章 结论与展望

9.1 结论

本书通过使用大型有限元软件 ANSYS 建立了锚固区足尺模型，重点分析了锚箱结构的应力分布及应力集中情况，并借助 FE-SAFE 疲劳分析软件对锚箱结构在车载产生的索力幅作用下的疲劳寿命进行研究。此外，本书对锚箱主要板件进行参数分析，研究板件参数改变对锚箱结构受力情况的影响，旨在从理论上对锚箱结构的受力形式和疲劳性能进行分析，以对今后的锚箱结构设计起指导作用。主要结论如下。

采用 Midas 建立斜拉桥整桥模型，考虑荷载组合进行加载，对斜拉索受力情况进行分析，J34 斜拉索索力值最大为 8 050 kN，而且索力变化幅值也最大，综合考虑锚箱静力强度及疲劳性能，选取 J34 号索所在的锚箱进行计算分析。

在最大设计荷载作用下，整个锚箱结构受力均在弹性范围内，通过锚箱各板件应力分析可知，锚箱各板件传力较均匀、顺畅。整个锚箱在最大设计荷载作用下，静力强度能满足要求。

在 1.4 倍和 1.7 倍最大设计荷载作用下，承压板与腹板焊缝的两边角处产生应力集中现象，最大等效应力值分别为 343 MPa 和 395 MPa，超过了材料的屈服强度。另外，顶板、底板的中间加劲肋与承压板焊缝外边角处的等效应力值也超过了材料的屈服强度，但超过屈服强度的范围非常小，而且超过屈服强度的应力为名义应力，而实际结构中会发生塑性应力重分布，超过屈服强度的应力不代表实际应力，只能判定该点屈服。板件其余部分等效应力值也远远小于材料的屈服强度。

在 1.4 倍及 1.7 倍最大设计荷载的作用下，除局部应力集中处出现塑性变形现象外，锚箱结构其余部分仍在弹性范围内。这说明锚箱结构在实际的工作状况下，能将巨大的索力顺畅地传递到主梁上，并且有足够的安全余量。锚箱结构在设计荷载下的静力强度能满足要求，传力可靠、安全。

在等效疲劳车产生的索力幅的作用下，整个锚箱的疲劳寿命最低值为 $10^{6.3517}$ 次，大于 200 万次。换算成能正常使用的时间年限为 112 年，大于 100 年的设计寿命。

在超载的极端情况下（1.7 倍索力幅），锚箱局部地方（承压板与腹板焊缝两边角处以及顶、底板中间加劲肋与承压板焊缝外边角处）疲劳寿命值低于 200 万次，疲劳寿命不能满足要求，但是这种情况发生在非常小的范围内。这些区域为锚箱疲劳寿命控制设计的关键点。在设计时，针对底板中间加劲肋与承压板焊缝外边角处，可采用在边角设置过渡圆弧的形式来减少应力集中现象，在承压板与腹板焊缝处的腹板内侧增设加劲肋，以便于应力的分散。本书中 1.7 倍索力幅作用是极端情况，一般情况下不会发生。综合分析锚箱各板件疲劳寿命云图可以看出，整个锚箱的抗疲劳性能良好。

锚箱主要受力板件厚度的变化对锚箱各板件的最大等效应力有较大的影响，总体趋势是随着板厚的增加，最大等效应力值减小。当板厚较小时，部分板件的最大等效应力值超过材料的屈服强度。板厚的变化，对锚箱中一些板件的应力值的影响较大，而对另外一些板件的应力值的影响很小，甚至可以忽略。板件构造同样对板件最大等效应力有较大影响，承压板不设倒角时，与焊缝的两边角会出现应力集中现象，应力值超过材料的屈服强度，而在设置倒角后，能显著改善其应力集中现象。

9.2 展望

在以后研究锚箱结构、建立锚箱梁段有限元模型时，可采用更精确的形式确定边界条件。从整桥取出的有限元模型，边界也应模拟实际情况下的受力状况，这样才能使有限元模拟更符合实际情况，计算结果也更准确。

本书在估算斜拉索索力幅值时，仅考虑了车辆荷载的作用，未考虑风荷载等其他活载作用。除车辆荷载外的其他活载对斜拉索索力幅值的影响也是比较大的，可进一步研究。

在研究锚箱的疲劳寿命时，应考虑锚箱结构可能存在的初始缺陷，或采用断裂力学法研究结构从裂纹萌生到裂纹扩展，直至断裂的全寿命过程。

在对锚箱进行参数分析时，不应仅以最大等效应力值为标准，还应以等效应力分布情况的变化为参考来研究参数变化对锚箱的受力影响。

由于条件有限，本书借助有限元软件来进行计算、分析，没有开展试验进行对比验证，相关研究者可进一步进行相应的试验研究。

参 考 文 献

[1] 阿加雷. 板壳应力[M]. 范钦珊，译. 北京：中国建筑工业出版社，1992.

[2] 艾国柱. 斜拉桥通鉴[M]. 成都：西南交通大学出版社，2011.

[3] 奥斯古德. 疲劳设计[M]. 李寿同，仇仲翼，译. 北京：科学出版社，1982.

[4] 博嘉科技. 有限元分析软件：ANSYS 融会与贯通[M]. 北京：中国水利水电出版社，2002.

[5] 曹珊珊，雷俊卿. 考虑区间不确定性的钢结构疲劳寿命分析[J]. 吉林大学学报（工学版），2016，46（3）：804-810.

[6] 陈炳坤，周履. 法国埃洛恩河斜拉桥[J]. 国外桥梁，1997（4）：12-13.

[7] 陈勃，鲍蕊，张建宇，等. 疲劳强度分布参数的贝叶斯分析[J]. 北京航空航天大学学报，2003，29（3）：233-236.

[8] 陈传尧. 疲劳与断裂[M]. 武汉：华中科技大学出版社，2002.

[9] 陈开利，王天亮. 南京长江二桥斜拉桥索梁锚固区模型疲劳试验研究[J]. 钢结构，2004（6）：20-22.

[10] 陈开利，郑纲. 大跨度钢箱梁斜拉桥索梁锚固区传力机理[J]. 中国铁道科学，2005，26（4）：28-31.

[11] 陈开利. 大跨度斜拉桥斜拉索锚固结构的试验研究[J]. 世界桥梁，2004（1）：29-37.

[12] 陈胜军. 模糊疲劳寿命预测理论的建立与验证[J]. 机械设计，2003，20（12）：42-45.

[13] 陈惟珍，王春生，徐磊. 上海市外白渡桥剩余寿命与使用安全[J]. 桥梁建设，2002（2）：6-7.

[14] 陈惟珍. 钢桥焊接构件疲劳寿命预测[J]. 同济大学学报（自然科学版），

2001（1）：45-49.

[15] 陈伟庆，张强. 南京长江二桥索梁锚固区模型试验分析[J]. 西南交通大学学报，2001（4）：184-188.

[16] 陈希良. 大里营斜拉桥刚性索锚固区研究[J]. 铁道标准设计，1998（2）：36-37.

[17] 陈忆前. 超大跨径斜拉桥的结构体系[D]. 上海：同济大学，2006.

[18] 崔约贤，王长利. 金属断口分析[M]. 哈尔滨：哈尔滨工业大学出版社，1998.

[19] 戴清. 上海长江大桥索梁锚固区疲劳分析研究分析[J]. 世界桥梁，2009（1）：86-90.

[20] 党志杰. 斜拉索的疲劳抗力[J]. 桥梁建设，1999（4）：18-20.

[21] 丁皓江，谢贻权，何福保. 弹性和塑性力学中的有限元单元法[M]. 北京：机械工业出版社，1992.

[22] 杜国华，毛昌时. 桥梁结构分析[M]. 上海：同济大学出版社，1994.

[23] 费希尔. 钢桥疲劳设计解说[M]. 钱冬生，译. 北京：人民铁道出版社，1980.

[24] 费希尔. 钢桥的疲劳和断裂实例研究[M]. 项海帆，等，译. 北京：中国铁道出版社，1989.

[25] 范东涛，胡厚斌. 苏通长江公路大桥工可交通量分析预测[J]. 华东公路，2003（6）：37-39.

[26] 范天佑. 断裂理论基础[M]. 北京：科学出版社，2003.

[27] 房贞政，卓卫东，上官萍. 三县洲斜拉桥主梁锚固区应力分析[J]. 福州大学学报（自然科学版），1999，27（1）：65-69.

[28] 傅祥炯. 结构疲劳与断裂[M]. 西安：西北工业大学出版社，1995.

[29] 格尔内. 焊接结构的疲劳[M]. 周殿群，译. 北京：机械工业出版社，1988.

[30] 高剑，裴岷山. 大跨度斜拉桥索梁锚箱空间受力分析[J]. 建筑科学与工程学报，2006，23（3）：66-70.

[31] 高镇同，熊峻江. 疲劳/断裂可靠性研究现状与展望[J]. 机械强度，1995，17（3）：61-82.

[32] 高镇同. 疲劳可靠性[M]. 北京：北京航空航天大学出版社，2000.

[33] 高镇同. 疲劳应用统计学[M]. 北京：国防工业出版社，1986.

[34] 高宗余. 青州闽江大桥结合梁斜拉桥设计[J]. 桥梁建设，2001（4）：13-17.

[35] 顾安邦. 桥梁工程（下）[M]. 北京：人民交通出版社，2003.

[36] 顾怡. FRP 疲劳累积损伤理论研究进展[J]. 力学进展，2001，31（2）：193-202.

[37] 何震. 部分斜拉桥拉索车载疲劳研究及索塔锚固分析[D]. 武汉：华中科技大学，2007.

[38] 洪杰，苗学问，马艳红. 航空发动机主轴承使用状态寿命预测模型[J]. 南京航空航天大学学报，2012，29（2）：18-21.

[39] 侯文崎，叶梅新. 结合梁斜拉桥锚拉板结构研究[J]. 钢结构，2002，17（2）：23-27.

[40] 胡楷，谷正气，米承继，等. 基于模糊理论的矿用自卸车车架疲劳寿命估算[J]. 汽车工程，2015，37（9）：1047-1052.

[41] 胡明敏，唐静静，魏平. 一种 S-N 曲线移动法的寿命分析模型[J]. 河海大学学报（自然科学版），2003，31（1）：60-63.

[42] 胡绪腾，辛朋朋，宋迎东. 基于最弱环理论的缺口件概率疲劳寿命预测方法[J]. 机械科学与技术，2013，32（2）：164-169.

[43] 黄建初. 公轨两用斜拉桥耳板式索梁锚固结构静力性能研究[D]. 西安：长安大学，2013.

[44] 黄娟. 基于损伤理论的高速铁路隧道振动响应分析及疲劳寿命研究[D]. 长沙：中南大学，2009.

[45] 黄勇，程晓东，曾进忠. 斜拉桥索梁锚固区受力情况的三维有限元分析[J]. 桥梁建设，2005（S1）：120-123.

[46] 霍立兴.焊接结构工程强度[M].北京：机械工业出版社，1995.

[47] 嵇应凤，姚卫星，夏天翔.线性疲劳累积损伤准则适用性评估[J].力学与实践，2015，37（6）：674-682.

[48] 纪冬梅，轩福贞，涂善东，等.基于支持向量机的P91钢蠕变：疲劳寿命预测[J].压力容器，2011，28（10）：15-21.

[49] 贾法勇，霍立兴，张玉凤，等.热点应力有限元分析的主要影响因素[J].焊接学报，2003，24（3）：27-30.

[50] 贾星兰，刘文珽.谱载下基于模糊Miner法则的疲劳寿命估算[J].北京航空航天大学学报，2003，29（3）：218-220.

[51] 金增洪.日本多多罗大桥简介[J].国外公路，1999，19（4）：8-13.

[52] 鞠杨，樊承谋.疲劳累积损伤理论研究[J].哈尔滨建筑大学学报，1994，27（5）：115-120.

[53] 拉达伊.焊接结构疲劳强度[M].郑朝云，张式程，译.北京：机械工业出版社，1994.

[54] 李本伟.斜拉桥索梁锚固区模型试验与计算分析[D].成都：西南交通大学，1996.

[55] 李富文.钢桥[M].北京：中国铁道出版社，1992.

[56] 李乔，唐亮，裴岷山，等.大跨径公路钢斜拉桥索梁锚固区疲劳试验荷载研究[J].公路，2004（12）：7-10.

[57] 李庆芬，胡胜海，朱世范.断裂力学及其工程应用[M].哈尔滨：哈尔滨工程大学出版社，1998.

[58] 李荣，邱洪兴，淳庆.疲劳累积损伤规律研究综述[J].金陵科技学院学报，2005，21（3）：17-21.

[59] 李舜酤.机械疲劳与可靠性设计[M].北京：科学出版社，2006.

[60] 李小珍，蔡婧，强士中.大跨度钢箱梁斜拉桥索梁锚固结构形式的比较研究[J].土木工程学报，2001，37（3）：73-79.

[61] 李彦兵.大跨径斜拉桥断索危害性研究[D].重庆：重庆交通大学，2013.

[62] 李扬海，鲍卫刚，郭修武，等.公路桥梁结构可靠度与概率极限状态设计[M].北京：人民交通出版社，1997.

[63] 郦明，奥脱·布克斯鲍姆.结构抗疲劳设计[M].北京：机械工业出版社，1987.

[64] 林有智，傅高升，李雷，等.钛合金非线性疲劳损伤工程模型研究[J].船舶力学，2013，17（11）：1300-1308.

[65] 林元培.斜拉桥[M].北京：人民交通出版社，2004.

[66] 刘克格，阎楚良，张书明.模糊数学在疲劳寿命估算中的应用[J].航空学报，2006，27（2）：227-231.

[67] 刘庆宽，强士中，张强，等.斜拉桥耳板索梁锚固结构受力特性研究[J].中国公路学报，2002，15（1）：72-75.

[68] 刘庆宽，王新敏，强士中.南京长江二桥南汊桥索梁锚固足尺模型试验研究[J].土木工程学报，2001，34（2）：50-54.

[69] 刘庆宽，王新敏，强士中.斜拉桥索梁锚固区附加弯矩对梁体受力的影响[J].石家庄铁道学院学报，2000，13（4）：62-65.

[70] 刘涛.精通 ANSYS[M].北京：清华大学出版社，2001.

[71] 刘雯.斜拉桥索梁锚固区有限元分析及疲劳损伤研究[D].西安：长安大学，2013.

[72] 刘小云，丛方媛，王小陈.模糊可靠性疲劳寿命的分析与计算[J].长安大学学报（自然科学版），2007，27（1）：99-102.

[73] 刘小云.疲劳损伤的模糊性研究[J].长安大学学报（自然科学版），2005，25（4）：107-110.

[74] 刘炎海，刘志鑫，刘凤奎.三索面斜拉桥索塔锚固区应力及优化分析[J].建筑科学，2010，26（11）：15-18.

[75] 刘扬，张海萍，邓扬，等.公路桥梁车辆荷载建模方法及疲劳寿命评估[J].应用力学学报，2016，33（4）：652-658.

[76] 刘永前，刘庆宽.斜拉桥索梁锚固结构疲劳性能的试验研究[J].石家庄铁

道学院学报，2001，14（1）：33-36.

[77] 罗晋明，任伟平.湛江海湾大桥索梁锚固结构应力分布研究[J].四川建筑，2005（2）：79-80.

[78] 吕海波.结构疲劳可靠性分析方法研究[D].南京：南京航空航天大学，2000.

[79] 满洪高，李乔，唐亮.钢斜拉桥锚箱式索梁锚固区合理构造形式研究[J].中国铁道科学，2005，26（4）：23-27.

[80] 满洪高，李乔，张育智.斜拉桥索梁锚固结构疲劳试验模型设计优化[J].东南大学学报（自然科学版），2007（2）：301-305.

[81] 满洪高，李乔，张育智.斜拉桥索梁锚固区边界条件对结构受力的影响[J].实验力学，2006，21（2）：190-194.

[82] 满洪高.大跨度钢斜拉桥索梁锚固结构试验研究[D].成都：西南交通大学，2007.

[83] 梅刚，秦权，林道锦.公路桥梁车辆荷载的双峰分布概率模型[J].清华大学学报，2003（10）：1394-1397.

[84] 孟广喆，贾安东.焊接结构强度和断裂[M].北京：机械工业出版社，1986.

[85] 倪侃.随机疲劳累积损伤理论研究进展[J].力学进展，1999，29（1）：43-65.

[86] 倪向贵，李新亮，王秀喜.疲劳裂纹扩展规律 Paris 公式的一般修正及应用[J].压力容器，2006，23（12）：8-15.

[87] 裴岷山，赵和平.钢斜拉桥索梁锚固方式研究.中国公路学会桥梁工程分会 2005 年学术会议论文集[C].北京：人民交通出版社，2005.

[88] 裴岷山.钢斜拉桥索梁锚固结构型式研究[D].北京：北京工业大学，2004.

[89] 彭杰元.斜拉桥的受力分析及模型试验研究[J].桥梁建设，1998（3）：23-27.

[90] 戚国胜.脆断事故的原因分析和预防措施[J].南方冶金学院学报，2002，23（1）：28-33.

[91] 钱冬生. 钢桥疲劳设计 [M]. 成都：西南交通大学出版社，1986.

[92] 钱冬生. 钱冬生桥梁与教育文选 [M]. 北京：中国铁道出版社，33-38.

[93] 秦大同，谢里阳. 疲劳强度与可靠性设计 [M]. 北京：化学工业出版社，2013.

[94] 邱志平，王晓军. 结构疲劳寿命的区间估计 [J]. 力学学报，2005，37（5）：653-657.

[95] 任如飞. 基于遗传算法的接触部位疲劳寿命可靠性研究 [D]. 西安：西北工业大学，2007.

[96] 任伟平，强中士，李小珍，等. 斜拉桥锚拉板式索梁锚固区传力机理及疲劳可靠性研究 [J]. 土木工程学报，2006，39（10）：68-73.

[97] 任伟平，李小珍，等. 公轨两用钢桁桥轨道横梁与整体节点连接头的疲劳荷载 [J]. 中国公路学报，2007（1）：79-84.

[98] 斯海维. 结构与材料的疲劳 [M]. 2 版. 吴学仁，等，译. 北京：航空工业出版社，2014.

[99] 沈桂平，顾萍. 斜拉桥索梁锚固区空间应力分析 [J]. 上海铁道大学学报，1996，17（4）：9-16.

[100] 沈亮. 齿轮疲劳寿命及齿根裂纹仿真分析 [D]. 重庆：重庆大学，2011.

[101] 沈锐利. 大跨度桥梁及城市桥梁 [M]. 成都：西南交通大学出版社，2002.

[102] 施洲，赵人达. 桥梁结构边界条件变异对固有振动特性的影响分析 [J]. 振动与冲击，2007（2）：141-145.

[103] 史永吉，杨妍曼，李之榕，等. 铁路"老龄"铆接钢桥剩余寿命评估 [J]. 中国铁道科学. 1994（1）：16.

[104] 司秀勇. 斜拉桥索梁锚固结构受力行为理论分析 [D]. 成都：西南交通大学，2005.

[105] 苏善根，许宏亮. 斜拉桥销铰连接锚固形式的初探 [J]. 中国铁道科学，2003，24（1）：94-98.

[106] 孙武，聂武. 潜艇耐压壳体低周疲劳分析及贝叶斯法寿命估算 [J]. 中国

造船，2000，41（4）：40-45.

[107] 孙志显.钢锚板式索塔锚固区足尺模型试验研究[D].西安：长安大学，2009.

[108] 孙志雄.焊接断裂力学[M].西安：西北工业大学出版社，1990.

[109] 孙作振.基于区间法的结构非概率可靠性研究[D].长春：吉林大学，2014.

[110] 陶梦丽.大跨度混凝土斜拉桥的动力性能分析[D].西安：长安大学，2013.

[111] 童乐为，沈祖炎.城市道路桥梁的疲劳荷载谱[J].土木工程学报，1997，30（5）：20-27.

[112] 万宏强，高刚，丁锋.基于贝叶斯评估的航空发动机涡轮盘疲劳寿命可靠性研究[J].机械制造与自动化，2016，45（5）：13-15.

[113] 万臻，李乔，毛学明.大跨度斜拉桥钢锚箱式索梁锚固结构空间有限元模型比较研究[J].四川建筑科学研究，2006，32（1）：26-31.

[114] 万臻，李乔.大跨度斜拉桥索梁锚固区三维有限元仿真分析[J].中国铁道科学，2006，27（2）：41-45.

[115] 王伯惠.斜拉桥结构发展和中国经验（上册）[M].北京：人民交通出版社，2003.

[116] 王春寒.索梁锚固结构疲劳性能试验与研究[D].成都：西南交通大学，2005.

[117] 王锋君，钱冬生.在公路桥设计中需要明确的几个问题[J].桥梁建设，1998（3）：40-42.

[118] 王嘉弟，赵廷衡.斜拉桥钢箱梁索梁锚固区域应力应变分析[J]，桥梁建设，1997（4）：19-25.

[119] 王军，邱志平，金延伟.疲劳寿命的区间名义应力法及灵敏度分析[J].飞机设计，2012，32（6）：42-46.

[120] 王禄鹏，钱叶祥.大跨度钢箱梁斜拉桥全焊锚箱的制造及变形控制[J].

钢结构，2002，17（59）：27-29.

[121] 王珉. 抗疲劳制造原理与技术[M]. 南京：江苏科学技术出版社，1999.

[122] 王敏中. 高等弹性力学[M]. 北京：北京大学出版社，2002.

[123] 王荣辉. 广州市高架桥疲劳荷载车辆模型研究[J]. 华南理工大学学报（自然科学版），2004，32（5）：94-96.

[124] 王栓柱. 金属疲劳[M]. 福州：福建科学技术出版社，1985.

[125] 王天亮，党志杰. 公路钢桥疲劳设计曲线参数研究[J]. 国外桥梁，1998（1）：32-36.

[126] 王天亮，王邦楣，潘东发. 芜湖长江大桥钢梁整体节点疲劳试验研究[J]. 中国铁道科学，2001，22（5）：93-97.

[127] 王旭亮，聂宏. 考虑载荷加载顺序的模糊 Miner 理论研究[J]. 中国机械工程，2008，19（22）：2725-2728.

[128] 王旭亮，聂宏. 疲劳寿命估算中的模糊性研究[J]. 机械科学与技术，2008，27（9）：1139-1141.

[129] 王旭亮. 不确定性疲劳寿命预测方法研究[D]. 南京：南京航空航天大学，2009.

[130] 王勖成，邵敏. 有限单元法基本原理和数值方法[M]. 北京：清华大学出版社，1997.

[131] 王勇，金卫兵，徐立功，等. 灌河斜拉桥锚拉板结构分析[J]. 现代交通技术，2004（1）：33-35.

[132] 王元清. 钢结构脆性破坏事故分析[J]. 工业建筑，1998，28（5）：55-58.

[133] 卫星，强士中. 高速铁路大跨钢桁梁斜拉桥梁端锚固结构疲劳性能研究[J]. 振动与冲击，2013（23）：180-185.

[134] 卫志勇. 桥梁高周疲劳损伤理论与疲劳损伤在线分析方法及应用[D]. 南京：东南大学，2009.

[135] 温洁明，陈家权，陈国军，等. 疲劳损伤状态的模糊等效性试验研究[J]. 机械设计与制造，2012（1）：88-90.

[136] 吴家龙.弹性力学[M].上海：同济大学出版社，1993.

[137] 吴连元.板壳理论[M].上海：上海交通大学出版社，1996.

[138] 项海帆.高等桥梁结构理论[M].北京：人民交通出版社，2001.

[139] 小西一郎.钢桥（第七分册）[M].韩毅，译.北京：中国铁道出版社，1982.

[140] 谢贻权，何福保.弹性和塑性力学中的有限单元法[M].北京：机械工业出版社，1981.

[141] 徐灏.疲劳强度设计[M].北京：机械工业出版社，1981.

[142] 徐灏.疲劳强度[M].北京：高等教育出版社，1988.

[143] 徐俊.铁路钢桥疲劳寿命评估方法研究[D].成都：西南交通大学，2003.

[144] 鄢余文.安庆长江大桥索梁锚固结构静载与疲劳试验研究[D].成都：西南交通大学，2005.

[145] 闫楚良，郝云霄，刘克格.基于遗传算法优化的BP神经网络的材料疲劳寿命预测[J].吉林大学学报（工学版），2014，44（6）：1710-1715.

[146] 严国敏.现代斜拉桥[M].成都：西南交通大学出版社，1996.

[147] 颜海，范立础.大跨度斜拉桥索梁锚周中的非线性接触问题[J].中国公路学报，2004，17（2）：46-49.

[148] 杨庆乐.基于ANSYS/FE-SAFE的强夯机臂架疲劳寿命分析[D].大连：大连理工大学，2009.

[149] 杨晓华，姚卫星，段成美.确定性疲劳累积损伤理论进展[J].中国工程科学，2003，5（4）：81-87.

[150] 杨祖东，M. Virlogeux.诺曼底大桥的设计与施工[J].城市道路与防洪，1995（3）：19-35.

[151] 姚卫星.金属材料疲劳行为的应力场强法描述[J].固体力学学报，1997，18（1）：38-48.

[152] 姚卫星.结构疲劳寿命分析[M].北京：国防工业出版社，2003.

[153] 余寿文.损伤力学[M].北京：清华大学出版社，1997.

[154] 袁熙, 李舜酩. 疲劳寿命预测方法的研究现状与发展[J]. 航空制造技术, 2005（12）: 80-84.

[155] 曾斌. 独塔混凝土斜拉桥钢锚梁应力分布研究[D]. 武汉: 华中科技大学, 2011.

[156] 张安哥, 朱成九, 陈梦成. 疲劳、断裂与损伤[M]. 成都: 西南交通大学出版社, 2006.

[157] 张标标, 倪强, 张宗杰, 等. 海口世纪大桥斜拉索锚固区光弹性应力分析[J]. 桥梁建设, 1997（4）: 26-30.

[158] 张行, 赵军. 金属构件应用疲劳损伤力学[M]. 北京: 国防工业出版社, 1998.

[159] 张立明. Algor、Ansys 在桥梁工程中的应用方法与实例[M]. 北京: 人民交通出版社, 2003.

[160] 张维昕. 公轨两用斜拉桥耳板式索梁锚固结构疲劳性能研究[D]. 西安: 长安大学, 2013.

[161] 张小丽, 陈雪峰, 李兵, 等. 机械重大装备寿命预测综述[J]. 机械工程学报, 2011, 47（11）: 100-116.

[162] 张彦华. 焊接结构疲劳分析[M]. 北京: 化学工业出版社, 2013.

[163] 张玉玲, 潘际炎, 等. 芜湖长江大桥钢梁细节疲劳强度的研究[J]. 中国铁道科学, 2001, 22（5）: 15-21.

[164] 张玉玲. 大型铁路焊接钢桥疲劳断裂性能与安全设计[D]. 北京: 清华大学, 2004.

[165] 张育智, 李乔, 满洪高. 斜拉桥锚箱式索梁锚固区应力及传力途径分析[J]. 西南交通大学学报（自然科学版）, 2006, 41（2）: 179-183.

[166] 赵建生. 断裂力学及断裂物理[M]. 武汉: 华中科技大学出版社, 2003.

[167] 赵少汴. 常用累积损伤理论疲劳寿命估算精度的试验研究[J]. 机械强度, 2000, 22（3）: 206-209.

[168] 赵少汴. 抗疲劳设计手册[M]. 2 版. 北京: 机械工业出版社, 2015.

[169] 郑强，刘永健，李传习.佛陈大桥钢锚箱结构空间有限元分析[J].2000，16（4）：54-57.

[170] 中国机械工程学会焊接学会.焊接手册：第 3 卷 [M].北京：机械工业出版社，2001.

[171] 周孟波，刘自明，王邦嵋等.斜拉桥手册[M].北京：人民交通出版社，2004，392-395.

[172] 周太全.桥梁构件局部热点应力分析及其疲劳损伤累积过程模拟[D].南京：东南大学，2003.

[173] 朱伯芳.有限单元法原理及应用[M].北京：中国水利水电出版社，2000.

[174] 朱劲松，肖汝诚，曹一山.杭州湾跨海大桥索梁锚固节点模型试验研究[J].土木工程学报，2007（1）：49-59.

[175] 朱顺鹏，黄洪钟，谢里阳.考虑小载荷强化的模糊疲劳寿命预测理论[J].航空学报，2009，30（6）：1048-1052.

[176] 朱顺鹏.高温复杂结构的混合概率故障物理建模与疲劳寿命预测[D].成都：电子科技大学，2011.

[177] 朱廷.铁路钢桥疲劳设计方法的比较分析[D].成都：西南交通大学，2001.

[178] 朱晓阳.疲劳累积损伤理论的研究及其发展[J].机械工程材料，1987（3）：11-16.